해법 기초계산 C6

1 4주 완성의 계획적인 수학 학습!

2 시간 내 푸는 연습을 통한 실전 감각 향상!

3 다양한 구성의 문제로 사고력 향상!

계산력이 왜 중요한가?

선생님! 계산력이 왜 중요한가요?

수학 만점으로 가는 길은 계산력에서 시작한단다. 왜 중요한지 수학의 아버지 피타고라스 선생님에게 물어볼까?

계산력은 수학의 뿌리!
계산력 없이 수학은 생각할 수 없지.
수학은 계통성의 학문이라고 해.
역연산으로 인해 덧셈이 뺄셈의 기초가 되고,
곱셈이 확립되어야
나눗셈이 가능해지기 때문이지.
따라서 수학의 근간인 기초 계산력을
완벽하게 다져 주는 것이야말로
수학 만점으로 가는 첫걸음이지.

구성과 특징

개념 만화

만화를 통한 원리 깨치기

만화를 통한 계산 원리와 개념을
이해할 수 있습니다.

1단계

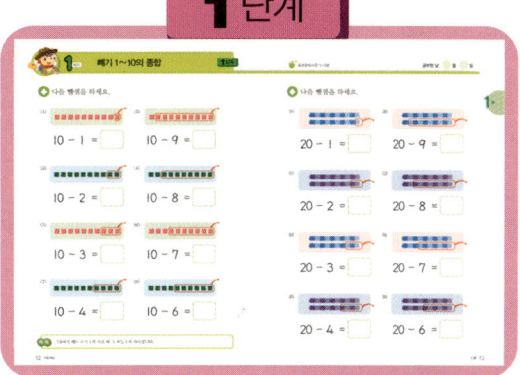

집중 연습으로 계산력 다지기

집중 연습 문제로 기초 계산력을
완벽하게 다질 수 있습니다.

2단계

퍼즐형 문제로 정확성 기르기

흥미로운 퍼즐형 문제로 이루어져
집중력과 정확성까지 기를 수 있습니다.

3단계

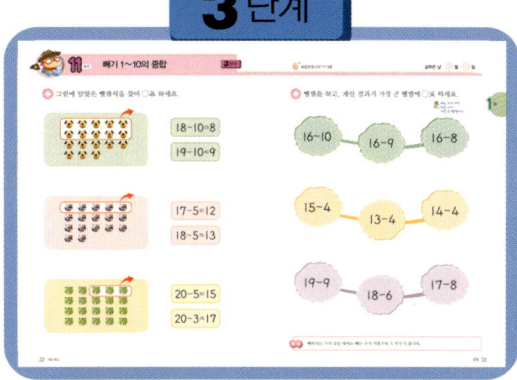

다양한 문제로 사고력 키우기

다양한 문제를 통해 수학적 사고력과
문제 해결력을 높일 수 있습니다.

내용 구성표

권	주	A단계 (5~7세)	B단계 (5~7세)	C단계 (5~7세)
1권	1	일대일 대응, 많다 · 적다	더하기 3 : (1~7)+3	빼기 5 : (1~20)-5
	2	1~5 수 익히기	더하기 3 : (1~17)+3	빼기 6 : (1~20)-6
	3	1~5 수 익히기	더하기 3 : (1~27)+3	빼기 4, 5, 6의 종합
	4	0, 6~10 수 익히기	더하기 1, 2, 3의 종합	더하기 · 빼기의 종합 ①
2권	1	0, 6~10 수 익히기	빼기 1 : (1~10)-1	더하기 · 빼기의 종합 ②
	2	1~10 종합	빼기 1 : (1~20)-1	더하기 7 : (1~9)+7
	3	수 가르기와 수 모으기(1, 2, 3, 4, 5)	빼기 2 : (1~10)-2	더하기 7 : (1~19)+7
	4	수 가르기와 수 모으기(6, 7, 8, 9, 10)	빼기 2 : (1~20)-2	더하기 7 : (1~23)+7
3권	1	11~20 수 익히기	빼기 3 : (1~10)-3	더하기 8 : (1~9)+8
	2	11~20 수 익히기	빼기 3 : (1~20)-3	더하기 8 : (1~22)+8
	3	1~20 종합	빼기 1, 2, 3의 종합	더하기 9 : (1~9)+9
	4	21~30 수 익히기	더하기 · 빼기의 관계 ①	더하기 9 : (1~21)+9
4권	1	31~40 수 익히기	더하기 · 빼기의 관계 ②	더하기 10 : (1~20)+10
	2	41~50 수 익히기	더하기 4 : (1~6)+4	더하기 7, 8, 9, 10의 종합
	3	1~50 종합	더하기 4 : (1~16)+4	더하기 1~10의 종합
	4	51~70 수 익히기	더하기 4 : (1~26)+4	빼기 7 : (1~20)-7
5권	1	71~100 수 익히기	더하기 5 : (1~9)+5	빼기 8 : (1~20)-8
	2	1~100 종합	더하기 5 : (1~15)+5	빼기 9 : (1~20)-9
	3	더하기 1 : (1~9)+1	더하기 5 : (1~25)+5	빼기 10 : (1~20)-10
	4	더하기 1 : (1~19)+1	더하기 6 : (1~9)+6	빼기 7, 8, 9, 10의 종합
6권	1	더하기 1 : (1~29)+1	더하기 6 : (1~14)+6	빼기 1~10의 종합
	2	더하기 2 : (1~8)+2	더하기 6 : (1~24)+6	더하기 · 빼기의 종합 ③
	3	더하기 2 : (1~18)+2	더하기 4, 5, 6의 종합	더하기 · 빼기의 종합 ④
	4	더하기 2 : (1~28)+2	빼기 4 : (1~20)-4	재미있는 더하기 · 빼기의 규칙

권	주	D단계 (초1)	E단계 (초2)	F단계 (초3)	G단계 (초4)
1권	1	더하기 1, 2, 3	받아올림이 있는 (두 자리 수)+(한 자리 수)	(세 자리 수)+(세 자리 수) ①	100, 1000, 10000, 몇백, 몇천 곱하기
	2	합이 5까지인 덧셈	받아내림이 있는 (두 자리 수)-(한 자리 수)	(세 자리 수)+(세 자리 수) ②	(세 자리 수)×(두 자리 수)
	3	합이 9까지인 덧셈	세 수의 덧셈	(세 자리 수)-(세 자리 수) ①	(네 자리 수)×(두 자리 수)
	4	받아올림이 없는 (한 자리 수)+(한 자리 수)	세 수의 뺄셈	(세 자리 수)-(세 자리 수) ②	(세 자리 수)×(세 자리 수)
2권	1	빼기 1, 2, 3	일의 자리에서 받아올림이 있는 (두 자리 수)+(두 자리 수)	2, 3, 4, 5의 단 곱셈구구를 이용한 나눗셈	(세 자리 수)÷(한 자리 수)
	2	5까지의 뺄셈	십의 자리에서 받아올림이 있는 (두 자리 수)+(두 자리 수)	6, 7, 8, 9의 단 곱셈구구를 이용한 나눗셈	(두·세 자리 수)÷(몇십)
	3	9까지의 뺄셈	일, 십의 자리에서 받아올림이 있는 (두 자리 수)+(두 자리 수)	곱셈구구를 이용한 나눗셈 ①	(두·세 자리 수)÷(두 자리 수)
	4	(한 자리 수)-(한 자리 수)	받아올림이 있는 (두 자리 수)+(두 자리 수)	곱셈구구를 이용한 나눗셈 ②	(세·네 자리 수)÷(두 자리 수)
3권	1	10이 되는 더하기	받아내림이 있는 (두 자리 수)-(두 자리 수) ①	(두 자리 수)×(한 자리 수) ①	덧셈과 뺄셈의 혼합 계산
	2	10에서 빼기	받아내림이 있는 (두 자리 수)-(두 자리 수) ②	(두 자리 수)×(한 자리 수) ②	곱셈과 나눗셈의 혼합 계산
	3	세 수의 계산 ①	세 수의 계산 ①	(두 자리 수)×(한 자리 수) ③	혼합 계산 1
	4	세 수의 계산 ②	세 수의 계산 ②	(두 자리 수)×(한 자리 수) ④	혼합 계산 2
4권	1	받아올림이 없는 (두 자리 수)+(한 자리 수)	2, 3, 4, 5의 단 곱셈구구	(네 자리 수)+(세 자리 수)	분수의 이해 1
	2	받아올림이 없는 (두 자리 수)+(두 자리 수)	6, 7, 8, 9의 단 곱셈구구	(네 자리 수)+(네 자리 수)	분수의 이해 2
	3	받아내림이 없는 (두 자리 수)-(한 자리 수)	곱셈구구 ①	(네 자리 수)-(세 자리 수)	분수의 이해 3
	4	받아내림이 없는 (두 자리 수)-(두 자리 수)	곱셈구구 ②	(네 자리 수)-(네 자리 수)	분수의 덧셈
5권	1	두 수의 합이 10이 되는 세 수의 덧셈	받아올림이 없는 (세 자리 수)+(세 자리 수)	(세 자리 수)×(한 자리 수)	분수의 덧셈
	2	(한 자리 수)+(한 자리 수) ①	일의 자리에서 받아올림이 있는 (세 자리 수)+(세 자리 수)	(한 자리 수)×(두 자리 수)	분수의 뺄셈 1
	3	(한 자리 수)+(한 자리 수) ②	십의 자리에서 받아올림이 있는 (세 자리 수)+(세 자리 수)	(두 자리 수)×(두 자리 수) ①	분수의 뺄셈 2
	4	(한 자리 수)+(한 자리 수)의 종합	일, 십의 자리에서 받아올림이 있는 (세 자리 수)+(세 자리 수)	(두 자리 수)×(두 자리 수) ②	세 분수의 덧셈과 뺄셈
6권	1	(십 몇)-(한 자리 수) ①	받아내림이 없는 (세 자리 수)-(세 자리 수)	(두 자리 수)÷(한 자리 수) ①	소수 한 자리 수의 덧셈
	2	(십 몇)-(한 자리 수) ②	십의 자리에서 받아내림이 있는 (세 자리 수)-(세 자리 수)	(두 자리 수)÷(한 자리 수) ②	소수 두·세 자리 수의 덧셈
	3	세 수의 덧셈	백의 자리에서 받아내림이 있는 (세 자리 수)-(세 자리 수)	(두 자리 수)÷(한 자리 수) ③	소수 한 자리 수의 뺄셈
	4	세 수의 뺄셈	십, 백의 자리에서 받아내림이 있는 (세 자리 수)-(세 자리 수)	(두 자리 수)÷(한 자리 수) ④	소수 두·세 자리 수의 뺄셈

Q&A 활용 가이드

Q

아이 수준을 몰라서
어느 단계의 교재를
선택하면 될지 모르겠어요.

계산 실수를 자주 해요.

시험 시간이 부족해요.

공부 계획을
스스로 세우기 힘들어요.

A

한 페이지에서
틀린 문제가 6문제 이상이면
이전 단계의
교재부터 시작하세요.

정해진 시간 안에 푸는
연습으로 실전 감각을
키우세요.

매일매일 공부하는
습관으로
정확성을 키우세요.

스케줄표를 이용해
계획을 세워
2주, 4주 완성에 도전하세요.

4주 완성 스케줄표

활용 방법 매일 2장(2차시)씩 풀면 24일 만에 완성할 수 있습니다.

1주 확인	1일	2일	3일	4일	5일	6일
	12~15쪽	16~19쪽	20~23쪽	24~27쪽	28~31쪽	32~35쪽

2주 확인	7일	8일	9일	10일	11일	12일
	40~43쪽	44~47쪽	48~51쪽	52~55쪽	56~59쪽	60~63쪽

3주 확인	13일	14일	15일	16일	17일	18일
	68~71쪽	72~75쪽	76~79쪽	80~83쪽	84~87쪽	88~91쪽

4주 확인	19일	20일	21일	22일	23일	24일
	96~99쪽	100~103쪽	104~107쪽	108~111쪽	112~115쪽	116~119쪽

※ 매일 4장(4차시)씩 풀면 12일 만에 완성할 수 있습니다.

빼기 1~10의 종합

학습 체크표 매일 학습이 끝나면 채점을 하고 체크표를 작성하여 나의 실력을 알아보세요.

차시	단계	공부한 날	잘 했나요?
1차시	1단계	월 일	😄 🙂 😑 😣
2차시		월 일	😄 🙂 😑 😣
3차시		월 일	😄 🙂 😑 😣
4차시		월 일	😄 🙂 😑 😣
5차시		월 일	😄 🙂 😑 😣
6차시		월 일	😄 🙂 😑 😣
7차시		월 일	😄 🙂 😑 😣
8차시		월 일	😄 🙂 😑 😣
9차시	2단계	월 일	😄 🙂 😑 😣
10차시		월 일	😄 🙂 😑 😣
11차시	3단계	월 일	😄 🙂 😑 😣
12차시		월 일	😄 🙂 😑 😣

틀린 개수가

0~1 개이면 😄 (아주 잘함)에, 2~3 개이면 🙂 (잘함)에,

4~5 개이면 😑 (보통)에, 6 개 이상이면 😣 (노력 바람)에 색칠해 주세요.

만화로 개념 알아보기

학습목표 수 가르기를 이용하여 손쉽게 뺄셈을 할 수 있으며, 어떤 수에서 빼는 수가 1씩 커질 때 그 차가 1씩 작아지는 규칙을 알 수 있습니다.

15 - 10 = 5

답은 5야.
내가 맞혔으니
과자 5개도
내가 먹는다.

으... 빼기 공부 좀
열심히 할 걸.

이번엔 못 맞힐 거야!
14-6은?

야!
신난다.

8!

14 - 6 = 8

으앙~
몰라. 난 한 개도
못 먹었는데!

너도 문제
맞히면 되잖아.

ㅎㅔㅎㅔ
ㅎㅔ

✿ 다음 뺄셈을 하세요.

(1)

$10 - 1 =$ ⬚

(2)

$10 - 9 =$ ⬚

(3)

$10 - 2 =$ ⬚

(4)

$10 - 8 =$ ⬚

(5)

$10 - 3 =$ ⬚

(6)

$10 - 7 =$ ⬚

(7)

$10 - 4 =$ ⬚

(8)

$10 - 6 =$ ⬚

 꼭꼭 10에서 빼는 수가 1씩 커질 때 그 차는 1씩 작아집니다.

다음 뺄셈을 하세요.

(9)

$$20 - 1 = \boxed{}$$

(10)

$$20 - 9 = \boxed{}$$

(11)

$$20 - 2 = \boxed{}$$

(12)

$$20 - 8 = \boxed{}$$

(13)

$$20 - 3 = \boxed{}$$

(14)

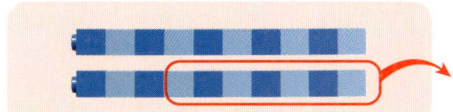

$$20 - 7 = \boxed{}$$

(15)

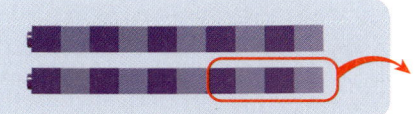

$$20 - 4 = \boxed{}$$

(16)

$$20 - 6 = \boxed{}$$

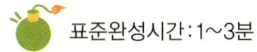

➕ 다음 뺄셈을 하세요.

(1) $14 - 1 =$ ☐

(2) $14 - 2 =$ ☐

(3) $14 - 3 =$ ☐

(4) $14 - 4 =$ ☐

(5) $19 - 4 =$ ☐

(6) $19 - 5 =$ ☐

(7) $19 - 6 =$ ☐

(8) $19 - 7 =$ ☐

(9) $11 - 7 =$ ☐

(10) $11 - 8 =$ ☐

(11) $11 - 9 =$ ☐

(12) $11 - 10 =$ ☐

(13) $15 - 9 =$ ☐

(14) $15 - 8 =$ ☐

(15) $15 - 7 =$ ☐

(16) $15 - 6 =$ ☐

 꼭꼭 어떤 수에서 빼는 수가 1씩 커질 때 그 차는 1씩 작아집니다.

다음 뺄셈을 하세요.

(17) $16 - 1 =$ ☐

(18) $16 - 2 =$ ☐

(19) $16 - 3 =$ ☐

(20) $16 - 4 =$ ☐

(21) $18 - 4 =$ ☐

(22) $18 - 5 =$ ☐

(23) $18 - 6 =$ ☐

(24) $18 - 7 =$ ☐

(25) $12 - 7 =$ ☐

(26) $12 - 8 =$ ☐

(27) $12 - 9 =$ ☐

(28) $12 - 10 =$ ☐

(29) $20 - 9 =$ ☐

(30) $20 - 8 =$ ☐

(31) $20 - 7 =$ ☐

(32) $20 - 6 =$ ☐

 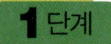

③차시 빼기 1~10의 종합

 다음 뺄셈을 하세요.

(1) $1 - 1 = \boxed{}$

(2) $5 - 4 = \boxed{}$

10에서 10을 빼면 0이 돼요.

(3) $3 - 2 = \boxed{}$

(4) $10 - 10 = \boxed{}$

(5) $9 - 1 = \boxed{}$

(6) $7 - 4 = \boxed{}$

(7) $8 - 2 = \boxed{}$

(8) $2 - 1 = \boxed{}$

(9) $7 - 5 = \boxed{}$

(10) $10 - 2 = \boxed{}$

(11) $5 - 2 = \boxed{}$

(12) $7 - 5 = \boxed{}$

(13) $3 - 3 = \boxed{}$

(14) $9 - 7 = \boxed{}$

(15) $8 - 5 = \boxed{}$

(16) $6 - 3 = \boxed{}$

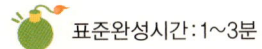
1주

➕ 다음 뺄셈을 하세요.

(17) $12 - 8 =$ ◻

(18) $16 - 6 =$ ◻

(19) $11 - 7 =$ ◻

(20) $13 - 4 =$ ◻

(21) $19 - 7 =$ ◻

(22) $18 - 9 =$ ◻

(23) $17 - 5 =$ ◻

(24) $15 - 4 =$ ◻

(25) $14 - 3 =$ ◻

(26) $12 - 7 =$ ◻

(27) $20 - 2 =$ ◻

(28) $17 - 10 =$ ◻

(29) $13 - 6 =$ ◻

(30) $14 - 8 =$ ◻

(31) $11 - 1 =$ ◻

(32) $20 - 7 =$ ◻

 꼭꼭 받아내림이 없는 뺄셈을 할 때에는 일의 자리 숫자끼리 빼어 쓴 다음 십의 자리는 그대로 내려 씁니다.

 다음 뺄셈을 하세요.

(1) $11 - 8 =$

(2) $15 - 5 =$

(3) $5 - 2 =$

(4) $19 - 10 =$

(5) $9 - 9 =$

(6) $8 - 7 =$

(7) $16 - 5 =$

(8) $12 - 6 =$

(9) $7 - 7 =$

(10) $6 - 4 =$

(11) $13 - 9 =$

(12) $10 - 5 =$

(13) $14 - 10 =$

(14) $17 - 7 =$

(15) $18 - 1 =$

(16) $20 - 3 =$

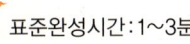 다음 뺄셈을 하세요.

(17) 17 − 9 =

(18) 10 − 1 =

(19) 15 − 10 =

(20) 6 − 2 =

(21) 9 − 3 =

(22) 20 − 7 =

(23) 11 − 6 =

(24) 13 − 9 =

(25) 14 − 8 =

(26) 8 − 5 =

(27) 16 − 4 =

(28) 19 − 7 =

(29) 17 − 9 =

(30) 7 − 4 =

(31) 20 − 5 =

(32) 18 − 3 =

➕ 다음 뺄셈을 하세요.

(1) $15 - 1 = \boxed{}$　　(2) $16 - 2 = \boxed{}$

(3) $17 - 3 = \boxed{}$　　(4) $18 - 4 = \boxed{}$

(5) $9 - 3 = \boxed{}$　　(6) $10 - 4 = \boxed{}$

(7) $11 - 5 = \boxed{}$　　(8) $12 - 6 = \boxed{}$

(9) $11 - 4 = \boxed{}$　　(10) $12 - 5 = \boxed{}$

(11) $13 - 6 = \boxed{}$　　(12) $14 - 7 = \boxed{}$

(13) $17 - 7 = \boxed{}$　　(14) $18 - 8 = \boxed{}$

(15) $19 - 9 = \boxed{}$　　(16) $20 - 10 = \boxed{}$

 꼭꼭　뺄셈식이 달라도 똑같은 답이 나올 수 있습니다.

➕ 다음 뺄셈을 하세요.

1주

(17) 10 − 2 = ☐　　(18) 13 − 5 = ☐

(19) 12 − 4 = ☐　　(20) 15 − 7 = ☐

(21) 9 − 2 = ☐　　(22) 10 − 3 = ☐

(23) 11 − 4 = ☐　　(24) 12 − 5 = ☐

(25) 12 − 6 = ☐　　(26) 13 − 7 = ☐

(27) 14 − 8 = ☐　　(28) 15 − 9 = ☐

(29) 11 − 6 = ☐　　(30) 12 − 7 = ☐

(31) 13 − 8 = ☐　　(32) 14 − 9 = ☐

➕ 다음 뺄셈을 하세요.

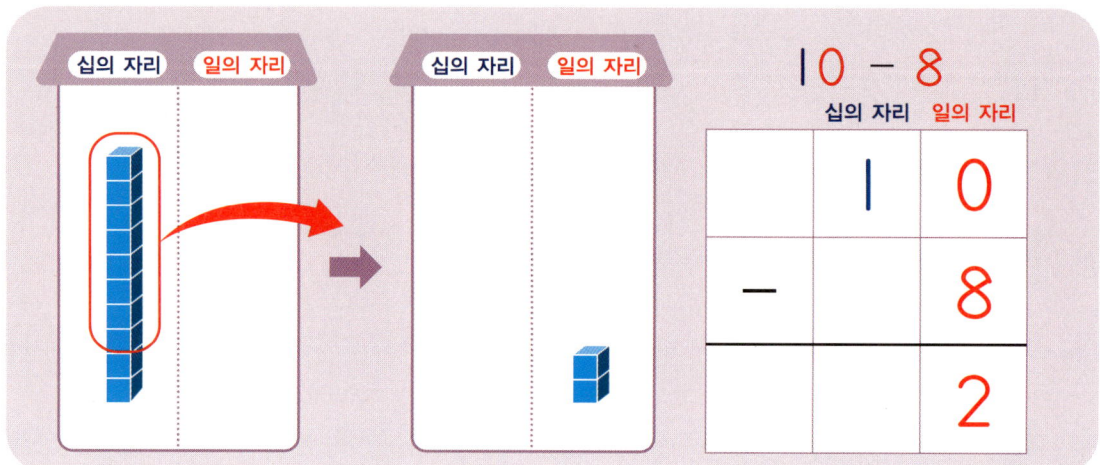

	십의 자리	일의 자리
	1	0
−		8
		2

(1)

	5
−	2

(2)

	6
−	4

(3)

	9
−	6

(4)

	7
−	3

(5)

	9
−	1

(6)

	8
−	5

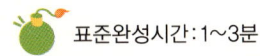
1주

다음 뺄셈을 하세요.

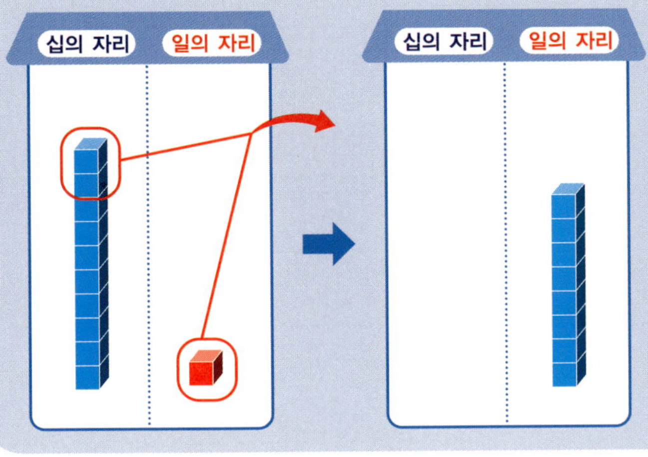

십의 자리	일의 자리

십의 자리	일의 자리

$$11 - 3$$

	십의 자리	일의 자리
	1	1
−		3
		8

(7)

		1	6
−			7

(8)

		1	8
−			9

(9)

		1	4
−			6

(10)

		1	2
−			5

(11)

		1	3
−			4

(12)

		2	0
−			3

 받아내림이 있는 뺄셈을 할 때에는 빼는 수를 가르기 하여 계산하면 편리합니다.

7차시 빼기 1~10의 종합 1단계

 다음 뺄셈을 하세요.

(1)

	1	7
−		9

(2)

	2	0
−	1	0

(3)

	1	5
−		8

(4)

	1	4
−		5

(5)

	1	6
−		7

(6)

	1	2
−		6

(7)

	1	9
−		5

(8)

		8
−		8

(9)

		9
−		2

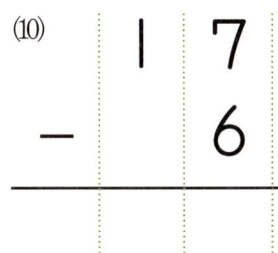 다음 뺄셈을 하세요.

(10)
```
    1 7
 -    6
 ─────
```

(11)
```
    1 3
 -    4
 ─────
```

(12)
```
      9
 -    6
 ─────
```

(13)
```
    1 6
 -    9
 ─────
```

(14)
```
    2 0
 -    7
 ─────
```

(15)
```
      4
 -    3
 ─────
```

(16)
```
    1 5
 -    7
 ─────
```

(17)
```
    1 2
 -    4
 ─────
```

(18)
```
      8
 -    5
 ─────
```

(19)
```
    1 9
 -    7
 ─────
```

(20)
```
    1 1
 -    3
 ─────
```

(21)
```
      6
 -    6
 ─────
```

❂ 다음 뺄셈을 하세요.

(1)
```
  1 2
-   9
─────
```

(2)
```
  1 6
-   3
─────
```

(3)
```
  2 0
-   2
─────
```

(4)
```
  1 9
-   8
─────
```

(5)
```
  1 1
-   6
─────
```

(6)
```
  1 3
-   7
─────
```

(7)
```
  1 8
-   7
─────
```

(8)
```
  1 7
-   9
─────
```

(9)
```
    7
-   2
─────
```

(10)
```
  1 4
-   7
─────
```

(11)
```
  1 0
-   4
─────
```

(12)
```
  1 5
-   6
─────
```

✚ 다음 뺄셈을 하세요.

(13)
```
  1 5
-   4
-----
```

(14)
```
  1 6
-   9
-----
```

(15)
```
  1 3
-   7
-----
```

(16)
```
  2 0
-   5
-----
```

(17)
```
  1 8
-   6
-----
```

(18)
```
  1 2
-   3
-----
```

(19)
```
  1 5
-   2
-----
```

(20)
```
  1 9
-   9
-----
```

(21)
```
  1 7
-   9
-----
```

(22)
```
  1 0
-   8
-----
```

(23)
```
  1 4
-   5
-----
```

(24)
```
  2 0
- 1 0
-----
```

○ 다음 뺄셈을 하세요.

−3	
12	12 − 3
8	8 − 3
17	17 − 3

세로의 수 12에서
가로의 수 3을
빼요.

−4	
9	
15	
10	

−5	
9	
12	
18	

−6	
17	
11	
6	

꼭꼭   세로의 수에서 가로의 수 3, 4, 5, 6을 각각 빼어 빈칸에 써 봅니다.

1주

다음 뺄셈을 하세요.

−	7
8	8−7
11	11−7
10	10−7
19	19−7
16	16−7
20	20−7
7	7−7

세로의 수 8에서
가로의 수 7을
빼요.

−	8
19	
17	
8	
16	
9	
15	
12	

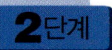
✚ 다음 뺄셈을 하세요.

−	11	16	10	8	19	14
5	11-5	16-5	10-5	8-5	19-5	14-5

가로의 수 11에서 세로의 수 5를 빼요.

−	12	6	15	9	18	20
6						

−	11	7	16	9	15	18
7						

1주

➕ 다음 뺄셈을 하세요.

−	15	17	10	13	11	19
8	15−8	17−8	10−8	13−8	11−8	19−8

가로의 수 15에서
세로의 수 8을
빼요.

−	13	15	9	18	17	12
9						

−	19	17	12	18	10	13
10						

➕ 그림에 알맞은 뺄셈식을 찾아 ◯표 하세요.

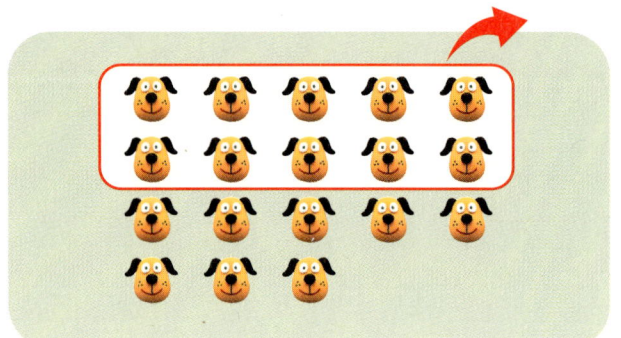

$18-10=8$

$19-10=9$

$17-5=12$

$18-5=13$

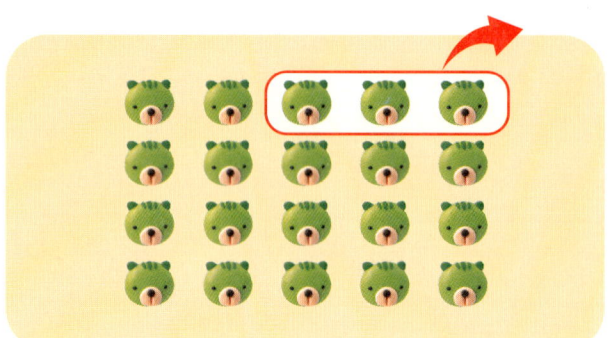

$20-5=15$

$20-3=17$

➕ 뺄셈을 하고, 계산 결과가 가장 큰 뺄셈에 ◯표 하세요.

빼는 수가 가장
작은 수가
가장 큰 뺄셈이야.

1주

16-10　　16-9　　16-8

15-4　　13-4　　14-4

19-9　　18-6　　17-8

꼭꼭　빼어지는 수가 같을 때에는 빼는 수가 작을수록 그 차가 더 큽니다.

🔶 식이 완성되도록 /으로 지우고, ☐ 안에 알맞은 수를 쓰세요.

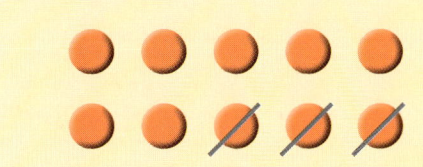

10 − ☐ 3 = 7

10 − ☐ = 5

10 − ☐ = 2

10 − ☐ = 9

10 − ☐ = 3

10 − ☐ = 8

⊕ 빈칸에 알맞은 수를 써넣어 뺄셈식을 완성하세요.

1주

18	−		=	9
		$18 - \square = 9$		
−		−		−
	−	3	=	
$18 - \square = 12$				
=		=		=
12	−		=	6

2주 더하기·빼기의 종합 ③

학습 체크표 매일 학습이 끝나면 채점을 하고 체크표를 작성하여 나의 실력을 알아보세요.

차시	단계	공부한 날	잘 했나요?			
13차시	1단계	월 일	☺	☺	😐	😣
14차시		월 일	☺	☺	😐	😣
15차시		월 일	☺	☺	😐	😣
16차시		월 일	☺	☺	😐	😣
17차시		월 일	☺	☺	😐	😣
18차시		월 일	☺	☺	😐	😣
19차시		월 일	☺	☺	😐	😣
20차시		월 일	☺	☺	😐	😣
21차시	2단계	월 일	☺	☺	😐	😣
22차시		월 일	☺	☺	😐	😣
23차시	3단계	월 일	☺	☺	😐	😣
24차시		월 일	☺	☺	😐	😣

틀린 개수가

0~1개이면 ☺(아주 잘함)에, 2~3개이면 ☺(잘함)에,

4~5개이면 😐(보통)에, 6개 이상이면 😣(노력 바람)에 색칠해 주세요.

만화로 개념 알아보기

학습목표 더해지는 수나 빼어지는 수가 일정하게 커질 때 그 합이나 차에 어떤 규칙이 있는지 알 수 있으며, 여러 가지 형태의 덧셈과 뺄셈을 능숙하게 풀 수 있습니다.

2주

크하하

살려주세요!

공주님!

공주님을 풀어줘. 이 괴물아!

흥!

덤벼라!

뭐? 괴물? 이 가소로운 녀석이……

13 차시 더하기 · 빼기의 종합 ③

1 단계

✿ 다음 덧셈을 하세요.

(1) $4 + 1 = \boxed{}$

(2) $4 + 2 = \boxed{}$

(3) $4 + 3 = \boxed{}$

(4) $4 + 4 = \boxed{}$

(5) $4 + 5 = \boxed{}$

(6) $4 + 6 = \boxed{}$

(7) $4 + 7 = \boxed{}$

(8) $4 + 8 = \boxed{}$

(9) $4 + 9 = \boxed{}$

(10) $4 + 10 = \boxed{}$

(11) $6 + 5 = \boxed{}$

(12) $6 + 6 = \boxed{}$

(13) $6 + 7 = \boxed{}$

(14) $6 + 8 = \boxed{}$

(15) $6 + 9 = \boxed{}$

(16) $6 + 10 = \boxed{}$

 꼭꼭   어떤 수에 더하는 수가 1씩 커지면 그 합도 1씩 커집니다.

다음 덧셈을 하세요.

(17) $13 + 1 =$

(18) $13 + 2 =$

(19) $13 + 3 =$

(20) $13 + 4 =$

(21) $13 + 5 =$

(22) $13 + 6 =$

(23) $13 + 7 =$

(24) $13 + 8 =$

(25) $13 + 9 =$

(26) $13 + 10 =$

(27) $19 + 5 =$

(28) $19 + 6 =$

(29) $19 + 7 =$

(30) $19 + 8 =$

(31) $19 + 9 =$

(32) $19 + 10 =$

➕ 다음 덧셈을 하세요.

(1) 8 + 3 = ☐

3 + 8 = ☐

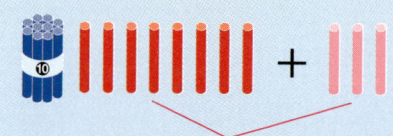

(2) 18 + 3 = ☐

13 + 8 = ☐

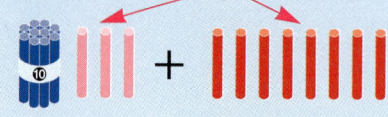

(3) 2 + 7 = ☐

7 + 2 = ☐

(4) 12 + 7 = ☐

17 + 2 = ☐

(5) 4 + 5 = ☐

5 + 4 = ☐

(6) 14 + 5 = ☐

15 + 4 = ☐

꼭꼭 덧셈은 더해지는 수와 더하는 수의 위치를 바꾸어 더해도 결과는 같습니다. 두 자리 수를 십의 단위와 일의 단위로 나눈 다음, 일의 자리인 두 수를 바꾸어 더해도 결과는 같게 됩니다.

✿ 다음 덧셈을 하세요.

(7) 2 + 6 = ☐

6 + 2 = ☐

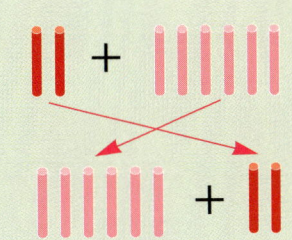

(8) 5 + 9 = ☐

9 + 5 = ☐

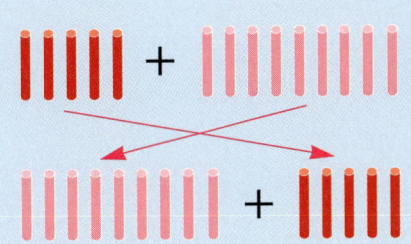

(9) 7 + 2 = ☐

2 + 7 = ☐

(10) 17 + 2 = ☐

12 + 7 = ☐

(11) 3 + 5 = ☐

5 + 3 = ☐

(12) 13 + 5 = ☐

15 + 3 = ☐

 꼭꼭 십의 단위와 일의 단위를 나누어 계산하는 습관을 길러 줍니다.

2주

✿ 다음 덧셈을 하세요.

더하는 두 수를 바꾸어 더해도 답은 똑같아.

(1) 4 + 7 = ☐   (2) 7 + 4 = ☐

(3) 8 + 9 = ☐   (4) 9 + 8 = ☐

(5) 3 + 4 = ☐   (6) 4 + 3 = ☐

(7) 5 + 6 = ☐   (8) 6 + 5 = ☐

(9) 7 + 8 = ☐   (10) 8 + 7 = ☐

(11) 10 + 9 = ☐   (12) 9 + 10 = ☐

(13) 9 + 3 = ☐   (14) 3 + 9 = ☐

(15) 6 + 10 = ☐   (16) 10 + 6 = ☐

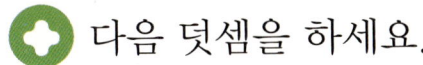 다음 덧셈을 하세요.

(17) $12 + 9 =$ ☐

(18) $11 + 8 =$ ☐

(19) $8 + 2 =$ ☐

(20) $15 + 7 =$ ☐

(21) $13 + 7 =$ ☐

(22) $7 + 4 =$ ☐

(23) $18 + 3 =$ ☐

(24) $16 + 8 =$ ☐

(25) $21 + 4 =$ ☐

(26) $11 + 9 =$ ☐

(27) $22 + 8 =$ ☐

(28) $5 + 6 =$ ☐

(29) $9 + 10 =$ ☐

(30) $15 + 1 =$ ☐

(31) $11 + 7 =$ ☐

(32) $13 + 5 =$ ☐

 다음 뺄셈을 하세요.

(1) 13 − 1 = ☐   (2) 13 − 2 = ☐

(3) 13 − 3 = ☐   (4) 13 − 4 = ☐

(5) 13 − 5 = ☐   (6) 13 − 6 = ☐

(7) 13 − 7 = ☐   (8) 13 − 8 = ☐

(9) 13 − 9 = ☐   (10) 13 − 10 = ☐

(11) 18 − 5 = ☐   (12) 18 − 6 = ☐

(13) 18 − 7 = ☐   (14) 18 − 8 = ☐

(15) 18 − 9 = ☐   (16) 18 − 10 = ☐

 빼어지는 수가 같을 때 빼는 수가 1씩 커지면 그 차는 1씩 작아집니다.

다음 뺄셈을 하세요.

(17) $20 - 8 = \boxed{}$ (18) $14 - 9 = \boxed{}$

(19) $13 - 6 = \boxed{}$ (20) $11 - 5 = \boxed{}$

(21) $16 - 5 = \boxed{}$ (22) $12 - 4 = \boxed{}$

(23) $7 - 7 = \boxed{}$ (24) $9 - 9 = \boxed{}$

(25) $18 - 2 = \boxed{}$ (26) $19 - 10 = \boxed{}$

(27) $15 - 1 = \boxed{}$ (28) $14 - 3 = \boxed{}$

(29) $12 - 9 = \boxed{}$ (30) $15 - 8 = \boxed{}$

(31) $16 - 7 = \boxed{}$ (32) $4 - 2 = \boxed{}$

2 주

➕ 덧셈식을 보고, 뺄셈식을 완성하세요.

(1) $8 + 5 = 13$

$13 - 5 = \bigcirc$

$13 - 8 = \diamondsuit$

(2) $9 + 6 = 15$

$15 - 6 = \bigcirc$

$15 - 9 = \diamondsuit$

(3) $2 + 8 = 10$

$10 - 8 = \bigcirc$

$10 - 2 = \diamondsuit$

꼭꼭 덧셈식은 2개의 뺄셈식으로 나타낼 수 있습니다. 덧셈식을 뺄셈식으로 나타내는 방법을 충분히 연습하여 덧셈과 뺄셈의 관계를 이해합니다.

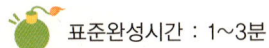
✚ 뺄셈식을 보고, 덧셈식을 완성하세요.

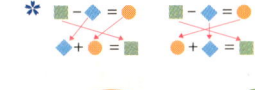

(4) $15 - 7 = 8$

$7 + 8 = \boxed{}$

$8 + 7 = \boxed{}$

2주

(5) $18 - 8 = 10$

$8 + 10 = \boxed{}$

$10 + 8 = \boxed{}$

(6) $14 - 6 = 8$

$6 + 8 = \boxed{}$

$8 + 6 = \boxed{}$

➕ 다음 계산을 하세요.

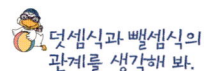
덧셈식과 뺄셈식의 관계를 생각해 봐.

(1) $14 + 6 = \boxed{}$

(2) $20 - 6 = \boxed{}$

(3) $16 + 3 = \boxed{}$

(4) $19 - 3 = \boxed{}$

(5) $15 - 8 = \boxed{}$

(6) $7 + 8 = \boxed{}$

(7) $7 + 10 = \boxed{}$

(8) $17 - 10 = \boxed{}$

(9) $15 - 3 = \boxed{}$

(10) $12 + 3 = \boxed{}$

(11) $11 - 5 = \boxed{}$

(12) $6 + 5 = \boxed{}$

(13) $20 - 7 = \boxed{}$

(14) $13 + 7 = \boxed{}$

(15) $7 - 5 = \boxed{}$

(16) $2 + 5 = \boxed{}$

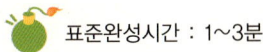
 다음 계산을 하세요.

2주

(17) $9 - 8 =$ ☐   (18) $1 + 8 =$ ☐

(19) $12 + 7 =$ ☐   (20) $19 - 7 =$ ☐

(21) $5 + 8 =$ ☐   (22) $13 - 8 =$ ☐

(23) $13 - 5 =$ ☐   (24) $8 + 5 =$ ☐

(25) $10 - 6 =$ ☐   (26) $4 + 6 =$ ☐

(27) $11 + 8 =$ ☐   (28) $19 - 8 =$ ☐

(29) $14 - 6 =$ ☐   (30) $8 + 6 =$ ☐

(31) $13 + 4 =$ ☐   (32) $17 - 4 =$ ☐

 다음 계산을 하세요.

(1) $14 + 7 = \boxed{}$

(2) $11 - 6 = \boxed{}$

(3) $16 - 9 = \boxed{}$

(4) $13 + 8 = \boxed{}$

(5) $15 + 2 = \boxed{}$

(6) $20 - 3 = \boxed{}$

(7) $17 - 10 = \boxed{}$

(8) $9 + 4 = \boxed{}$

(9) $15 + 3 = \boxed{}$

(10) $15 - 8 = \boxed{}$

(11) $11 + 5 = \boxed{}$

(12) $6 - 5 = \boxed{}$

(13) $20 - 7 = \boxed{}$

(14) $13 + 7 = \boxed{}$

(15) $7 - 5 = \boxed{}$

(16) $15 + 9 = \boxed{}$

➕ 계산 결과가 같은 것끼리 줄로 이으세요.

2주

(17) 9 + 8 ●

● 7 + 4

(18) 17 + 3 ●

● 16 − 3

(19) 5 + 7 ●

● 20 − 3

(20) 9 + 4 ●

● 19 − 7

(21) 19 − 8 ●

● 15 + 5

(22) 6 + 9 ●

● 8 + 7

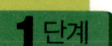
 다음 계산을 하세요.

(1)
```
    1 9
  +   7
  -----
```

(2)
```
    2 0
  -   4
  -----
```

(3)
```
    1 5
  + 1 0
  -----
```

(4)
```
    1 8
  -   9
  -----
```

(5)
```
    1 5
  +   8
  -----
```

(6)
```
    1 7
  -   9
  -----
```

(7)
```
    1 3
  +   6
  -----
```

(8)
```
    1 2
  -   8
  -----
```

(9)
```
    1 1
  +   4
  -----
```

(10)
```
    2 0
  - 1 0
  -----
```

(11)
```
    1 4
  +   9
  -----
```

(12)
```
    1 9
  - 1 0
  -----
```

다음 계산을 하세요.

(13)
```
  1 7
+   8
─────
```

(14)
```
  1 6
─   9
─────
```

(15)
```
  2 3
+   7
─────
```

(16)
```
  1 9
+   6
─────
```

(17)
```
  1 3
─   4
─────
```

(18)
```
  1 9
─ 1 0
─────
```

(19)
```
  1 5
+   9
─────
```

(20)
```
  1 2
─   5
─────
```

(21)
```
  2 0
─   7
─────
```

(22)
```
  1 2
─   3
─────
```

(23)
```
  1 3
+   8
─────
```

(24)
```
  1 1
+   2
─────
```

➕ 다음 계산을 하세요.

+9

15	15+9
19	19+9
17	17+9

세로의 수 15에
가로의 수 9를
더해요.

−6

20	
12	
14	

+7

20	
9	
13	

−5

14	
19	
12	

 (세로의 수)+(가로의 수), (세로의 수)−(가로의 수)를 계산합니다.

💠 다음 계산을 하세요.

+	6
12	12+6
19	19+6
14	14+6
18	18+6
17	17+6
5	5+6
8	8+6

세로의 수 12에 가로의 수 6을 더해요.

−	9
16	
18	
13	
12	
17	
15	
9	

 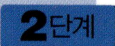

● 다음 계산을 하세요.

+	7	3
19	19+7	19+3
8	8+7	8+3

−	4	6
14		
6		

+	2	6
19		
7		

−	3	5
5		
13		

다음 계산을 하세요.

−	2	7
7	7−2	7−7
12	12−2	12−7

−	8	9
9		
18		

+	4	8
22		
9		

+	5	9
15		
7		

✚ 그림에 알맞은 계산식을 찾아 줄로 이으세요.

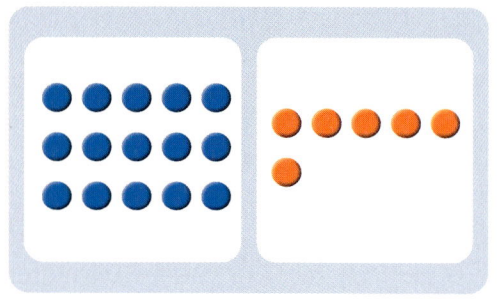

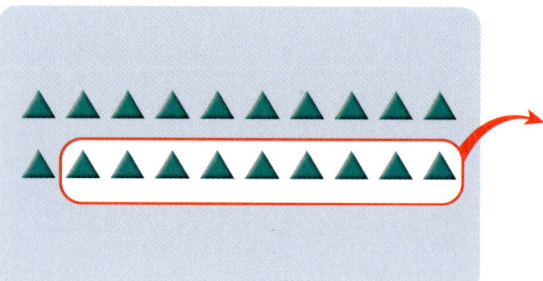

| 20−9=11 | 15+6=21 | 11+6=17 |

| 20−8=12 | 19+8=27 | 15−8=7 |

 덧셈과 뺄셈이 이루어지는 구체적인 상황을 이해하고 알맞은 식을 쓰고 읽을 수 있도록 지도합니다.

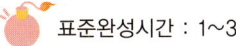
○ ☐ 안에 알맞은 수를 써넣어 계산식을 완성하세요.

2주

$9 + 7 =$ ☐ ➡ $16 -$ ☐ $= 9$

$15 - 9 =$ ☐ ➡ $9 +$ ☐ $= 15$

$8 + 6 =$ ☐ ➡ $14 -$ ☐ $= 8$

✿ 계산을 하고, 계산 결과가 가장 큰 식에 색칠하세요.

12-7   10-3   14-8

16+8   19+3   14+3

17-8   5+3   12-10

✚ 빈칸에 알맞은 수를 써넣어 계산식을 완성하세요.

17	−		=	8
			17 − ☐ = 8	
−		+		+
	−	1	=	
	17 − ☐ = 7			
=		=		=
7	+		=	17

가장 먼저 17 − ☐ = 8을 계산합니다. 17−9=8이므로 8에 어떤 수를 더하면 17이 되는지 알아봅니다. 이와 같은 형태로 차례대로 계산을 하여 퍼즐을 완성해 봅니다.

2주

3주 더하기 · 빼기의 종합 ④

학습 체크표 매일 학습이 끝나면 채점을 하고 체크표를 작성하여 나의 실력을 알아보세요.

차시	단계	공부한 날		잘 했나요?
25차시	1단계	월	일	☺ ☺ 😑 😣
26차시		월	일	☺ ☺ 😑 😣
27차시		월	일	☺ ☺ 😑 😣
28차시		월	일	☺ ☺ 😑 😣
29차시		월	일	☺ ☺ 😑 😣
30차시		월	일	☺ ☺ 😑 😣
31차시		월	일	☺ ☺ 😑 😣
32차시		월	일	☺ ☺ 😑 😣
33차시	2단계	월	일	☺ ☺ 😑 😣
34차시		월	일	☺ ☺ 😑 😣
35차시	3단계	월	일	☺ ☺ 😑 😣
36차시		월	일	☺ ☺ 😑 😣

틀린 개수가

0~1 개이면 ☺ (아주 잘함)에, 2~3 개이면 ☺ (잘함)에,

4~5 개이면 😑 (보통)에, 6개 이상이면 😣 (노력 바람)에 색칠해 주세요.

학습목표 덧셈식을 뺄셈식으로, 뺄셈식을 덧셈식으로 만들어 보면서 덧셈식과 뺄셈식의 관계를 이해하고, 덧셈과 뺄셈을 능숙하게 할 수 있습니다.

✚ 다음 덧셈을 하세요.

(1) 7 + 4 = ☐   (2) 6 + 9 = ☐

(3) 8 + 7 = ☐   (4) 4 + 8 = ☐

(5) 11 + 4 = ☐   (6) 12 + 3 = ☐

(7) 9 + 6 = ☐   (8) 10 + 4 = ☐

(9) 8 + 3 = ☐   (10) 7 + 5 = ☐

(11) 5 + 9 = ☐   (12) 4 + 9 = ☐

(13) 8 + 1 = ☐   (14) 10 + 2 = ☐

(15) 6 + 3 = ☐   (16) 11 + 3 = ☐

다음 덧셈을 하세요.

(17) $19 + 2 =$ ⬚

(18) $21 + 3 =$ ⬚

(19) $18 + 8 =$ ⬚

(20) $25 + 3 =$ ⬚

(21) $7 + 9 =$ ⬚

(22) $8 + 10 =$ ⬚

(23) $11 + 6 =$ ⬚

(24) $17 + 7 =$ ⬚

(25) $15 + 8 =$ ⬚

(26) $16 + 4 =$ ⬚

(27) $16 + 5 =$ ⬚

(28) $20 + 10 =$ ⬚

(29) $19 + 8 =$ ⬚

(30) $13 + 5 =$ ⬚

(31) $12 + 10 =$ ⬚

(32) $9 + 8 =$ ⬚

 다음 뺄셈을 하세요.

(1) 5 − 4 =

(2) 10 − 7 =

(3) 8 − 5 =

(4) 7 − 7 =

(5) 6 − 4 =

(6) 9 − 9 =

(7) 10 − 8 =

(8) 8 − 6 =

(9) 9 − 7 =

(10) 7 − 6 =

(11) 10 − 2 =

(12) 5 − 5 =

(13) 4 − 4 =

(14) 8 − 7 =

(15) 9 − 8 =

(16) 2 − 1 =

다음 뺄셈을 하세요.

(17) $12 - 1 = \boxed{}$

(18) $15 - 8 = \boxed{}$

(19) $16 - 9 = \boxed{}$

(20) $20 - 7 = \boxed{}$

(21) $14 - 8 = \boxed{}$

(22) $11 - 7 = \boxed{}$

(23) $12 - 3 = \boxed{}$

(24) $20 - 4 = \boxed{}$

(25) $19 - 6 = \boxed{}$

(26) $18 - 2 = \boxed{}$

(27) $15 - 5 = \boxed{}$

(28) $13 - 7 = \boxed{}$

(29) $17 - 10 = \boxed{}$

(30) $16 - 8 = \boxed{}$

(31) $13 - 8 = \boxed{}$

(32) $11 - 5 = \boxed{}$

3주

➕ 덧셈식을 보고, 뺄셈식을 완성하세요.

(1) ⑥ + ◆7 = 13

13 − ◆7 = ◯

13 − ⑥ = ◇

(2) ⑨ + ◆5 = 14

14 − ◆5 = ◯

14 − ⑨ = ◇

(3) ③ + ◆6 = 9

9 − ◆6 = ◯

9 − ③ = ◇

꼭꼭 구체물을 더해 덧셈식으로 알아본 다음, 다시 더한 수만큼의 구체물을 빼어 뺄셈식으로 나타낸 뒤 덧셈과 뺄셈의 관계를 알아봅니다.

✚ 다음 계산을 하세요.

(4) 7 + 8 = ☐　　(5) 15 − 8 = ☐

(6) 9 + 7 = ☐　　(7) 16 − 7 = ☐

(8) 14 + 5 = ☐　　(9) 19 − 5 = ☐

(10) 11 + 4 = ☐　　(11) 15 − 4 = ☐

(12) 3 + 9 = ☐　　(13) 12 − 9 = ☐

(14) 8 + 9 = ☐　　(15) 17 − 8 = ☐

(16) 13 + 4 = ☐　　(17) 17 − 4 = ☐

(18) 14 + 2 = ☐　　(19) 16 − 2 = ☐

28 차시 더하기 · 빼기의 종합 ④

1단계

➕ 다음 계산을 하세요.

(1) 4 + 7 = ☐   (2) 11 − 7 = ☐

(3) 3 + 10 = ☐   (4) 13 − 10 = ☐

(5) 5 + 8 = ☐   (6) 13 − 8 = ☐

(7) 7 + 9 = ☐   (8) 16 − 9 = ☐

(9) 4 + 6 = ☐   (10) 10 − 6 = ☐

(11) 9 + 3 = ☐   (12) 12 − 3 = ☐

(13) 10 + 4 = ☐   (14) 14 − 4 = ☐

(15) 2 + 9 = ☐   (16) 11 − 9 = ☐

○ 다음 계산을 하세요.

(17) 6 + 9 = ☐

(18) 15 − 6 = ☐

(19) 19 − 8 = ☐

(20) 11 + 8 = ☐

(21) 5 + 8 = ☐

(22) 13 − 5 = ☐

(23) 17 − 10 = ☐

(24) 7 + 10 = ☐

(25) 12 + 8 = ☐

(26) 20 − 8 = ☐

(27) 11 − 4 = ☐

(28) 7 + 4 = ☐

(29) 4 + 8 = ☐

(30) 12 − 8 = ☐

(31) 18 − 5 = ☐

(32) 13 + 5 = ☐

❖ 다음 계산을 하세요.

(1) 5 + 7 = ☐

(2) 12 − 7 = ☐

(3) 12 − 9 = ☐

(4) 3 + 9 = ☐

(5) 12 + 2 = ☐

(6) 14 − 2 = ☐

(7) 17 − 6 = ☐

(8) 11 + 6 = ☐

(9) 3 + 9 = ☐

(10) 12 − 9 = ☐

(11) 19 − 4 = ☐

(12) 15 + 4 = ☐

(13) 7 + 6 = ☐

(14) 13 − 7 = ☐

(15) 19 − 9 = ☐

(16) 10 + 9 = ☐

 꼭꼭   덧셈식은 뺄셈식으로, 뺄셈식은 덧셈식으로 나타낼 수 있습니다. 덧셈식을 뺄셈식으로 나타낼 때에는 합이 빼어지는 수가 되고, 뺄셈식을 덧셈식으로 나타낼 때에는 차가 더해지는 수나 더하는 수가 됩니다.

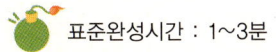
 다음 계산을 하세요.

(17) $3 + 8 =$ ☐

(18) $11 - 8 =$ ☐

(19) $17 - 4 =$ ☐

(20) $13 + 4 =$ ☐

(21) $8 + 5 =$ ☐

(22) $13 - 8 =$ ☐

(23) $15 - 5 =$ ☐

(24) $10 + 5 =$ ☐

(25) $18 + 2 =$ ☐

(26) $20 - 2 =$ ☐

(27) $14 - 8 =$ ☐

(28) $6 + 8 =$ ☐

(29) $12 + 7 =$ ☐

(30) $19 - 7 =$ ☐

(31) $14 - 9 =$ ☐

(32) $5 + 9 =$ ☐

3주

 다음 계산을 하세요.

(1) 3 + 8 =

14 − 3 =

(2) 7 + 7 =

20 − 6 =

(3) 5 + 1 =

11 − 5 =

(4) 2 + 9 =

13 − 2 =

(5) 8 + 4 =

17 − 5 =

(6) 6 + 9 =

20 − 5 =

(7) 7 + 9 =

18 − 2 =

(8) 4 + 9 =

17 − 4 =

 두 수를 더하거나 빼서 같은 수를 만들어 보며 다양한 방법으로 수를 조작할 수 있는 능력을 기릅니다.

 계산 결과가 같은 것끼리 줄로 이으세요.

(9) 4+9 ·　　　　　· 1+5

(10) 13-7 ·　　　　　· 17-4

(11) 12-4 ·　　　　　· 16-8

(12) 20+8 ·　　　　　· 20-3

(13) 8+9 ·　　　　　· 18+10

(14) 14+5 ·　　　　　· 20-1

 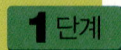
➕ 다음 계산을 하세요.

(1)
```
   1 2
 -   5
 ─────
```

(2)
```
   1 9
 +   9
 ─────
```

(3)
```
   2 0
 -   8
 ─────
```

(4)
```
   1 0
 - 1 0
 ─────
```

(5)
```
   2 5
 +   4
 ─────
```

(6)
```
   1 1
 - 1 1
 ─────
```

(7)
```
   1 7
 -   8
 ─────
```

(8)
```
   1 8
 +   7
 ─────
```

(9)
```
   1 6
 - 1 0
 ─────
```

(10)
```
   1 3
 +   9
 ─────
```

(11)
```
   1 4
 -   3
 ─────
```

(12)
```
   2 2
 +   7
 ─────
```

✚ 다음 계산을 하세요.

(13)
```
   1 1
+    9
─────
```

(14)
```
   1 4
-    5
─────
```

(15)
```
   2 0
+  1 0
─────
```

(16)
```
   1 3
-    7
─────
```

(17)
```
   2 1
+    9
─────
```

(18)
```
   1 8
-    8
─────
```

(19)
```
   1 5
+    7
─────
```

(20)
```
   2 0
-    9
─────
```

(21)
```
   1 2
+    9
─────
```

(22)
```
   1 6
-    6
─────
```

(23)
```
   1 0
+    7
─────
```

(24)
```
   1 3
-    5
─────
```

 꼭꼭 세로셈을 할 때에는 자리를 잘 맞추어서 계산해야 합니다.

 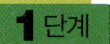
 다음 계산을 하세요.

(1)
```
    1 3
-     3
-------
```

(2)
```
    1 2
+     6
-------
```

(3)
```
      7
-     5
-------
```

(4)
```
      9
+     4
-------
```

(5)
```
    2 0
-   1 0
-------
```

(6)
```
    1 8
+     2
-------
```

(7)
```
    1 6
-     7
-------
```

(8)
```
    1 8
+     9
-------
```

(9)
```
    1 4
-     9
-------
```

(10)
```
    1 7
+     7
-------
```

(11)
```
    2 0
-     8
-------
```

(12)
```
    1 1
-     2
-------
```

다음 계산을 하세요.

(13)
```
    1 7
+     6
-------
```

(14)
```
    1 3
+     8
-------
```

(15)
```
      9
-     9
-------
```

(16)
```
    2 0
-     7
-------
```

(17)
```
    1 4
+     8
-------
```

(18)
```
    1 1
-     3
-------
```

(19)
```
      6
+     9
-------
```

(20)
```
    1 5
-     6
-------
```

(21)
```
    1 9
+     8
-------
```

(22)
```
    1 2
-     6
-------
```

(23)
```
    2 0
+     9
-------
```

(24)
```
    1 1
-     5
-------
```

더하기 · 빼기의 종합 ④

2단계

 다음 계산을 하세요.

+8

14	
19	14+8
17	19+8
	17+8

세로의 수 14에
가로의 수 8을
더해요.

+7

20	
17	
8	

-5

14	
16	
18	

-9

15	
20	
11	

 가로의 수는 (더하는 수)나 (빼는 수)이고, 세로의 수는 (더해지는 수)나 (빼어지는 수)입니다.

➕ 다음 계산을 하세요.

+	6
17	17 + 6
6	6 + 6
24	24 + 6
18	18 + 6
11	11 + 6
4	4 + 6
13	13 + 6

 세로의 수 17에
가로의 수 6을
더해요.

+	8
18	
15	
8	
19	
17	
10	
12	

3주

○ 다음 계산을 하세요.

+	2	4
8	8+2	8+4
16	16+2	16+4

−	3	6
6		
11		

−	4	5
8		
19		

+	5	10
18		
7		

다음 계산을 하세요.

+	15	4	19	20	6
5	15+5	4+5	19+5	20+5	6+5
9					

−	13	7	20	12	18
4					
7					

➕ ☐ 안에 알맞은 수를 써넣어 식을 완성하세요.

$17 + \boxed{} = 21$

$19 - \boxed{} = 11$

$18 + \boxed{} = 26$

꼭꼭 그림을 보고 더하기와 빼기 상황을 각각 파악한 뒤, 빼는 수와 더하는 수를 구분하여 알맞은 덧셈식과 뺄셈식을 세우게 합니다.

계산을 하고, 계산 결과가 가장 큰 식에 색칠하세요.

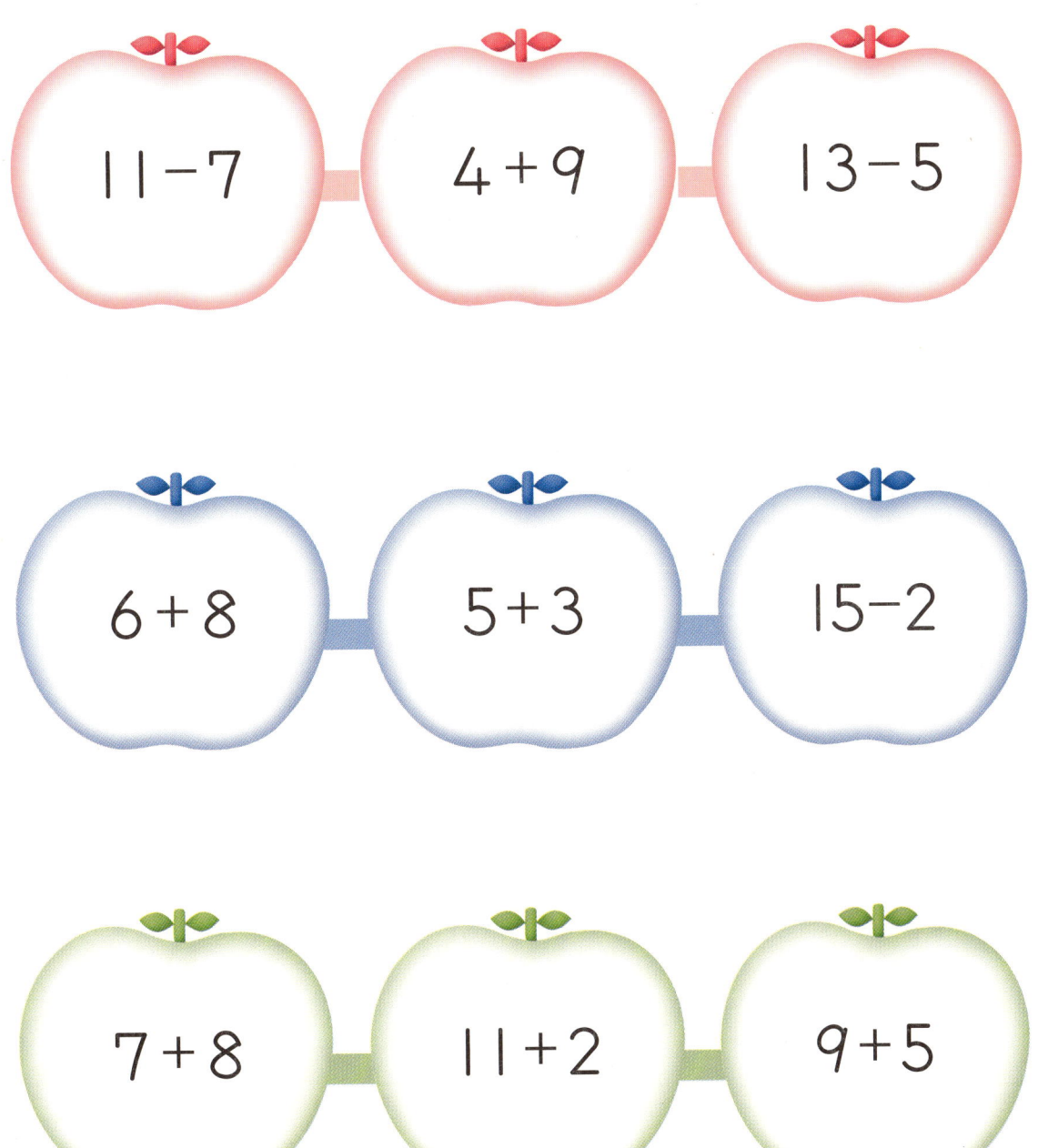

$11-7$

$4+9$

$13-5$

$6+8$

$5+3$

$15-2$

$7+8$

$11+2$

$9+5$

3주

➕ 세 수를 이용하여 덧셈식과 뺄셈식을 하나씩 만들어 보세요.

$$4 + \boxed{} = \boxed{}$$

$$\boxed{} - 7 = \boxed{}$$

$$5 + \boxed{} = \boxed{}$$

$$\boxed{} - 10 = \boxed{}$$

$$8 + \boxed{} = \boxed{}$$

$$\boxed{} - 6 = \boxed{}$$

 세 수를 이용하여 덧셈식을 만들 때에는 작은 두 수는 더해지는 수와 더하는 수로, 가장 큰 수는 합이 되게 식을 만듭니다. 또, 뺄셈식을 만들 때에는 가장 큰 수는 빼어지는 수로, 나머지 두 수는 빼는 수와 차가 되게 식을 만듭니다.

✚ 빈칸에 알맞은 수를 써넣어 계산식을 완성하세요.

13	+		=	19
−		−		−
	+	1	=	
=		=		=
5	+		=	10

13 + ☐ = 19

13 − ☐ = 5

 3주

4주 재미있는 더하기 · 빼기의 규칙

학습 체크표 매일 학습이 끝나면 채점을 하고 체크표를 작성하여 나의 실력을 알아보세요.

차시	단계	공부한 날	잘 했나요?
37차시		월 일	😄 🙂 😑 😣
38차시		월 일	😄 🙂 😑 😣
39차시		월 일	😄 🙂 😑 😣
40차시		월 일	😄 🙂 😑 😣
41차시	1단계	월 일	😄 🙂 😑 😣
42차시		월 일	😄 🙂 😑 😣
43차시		월 일	😄 🙂 😑 😣
44차시		월 일	😄 🙂 😑 😣
45차시	2단계	월 일	😄 🙂 😑 😣
46차시		월 일	😄 🙂 😑 😣
47차시	3단계	월 일	😄 🙂 😑 😣
48차시		월 일	😄 🙂 😑 😣

틀린 개수가

0~1 개이면 😄(아주 잘함)에, 2~3개이면 🙂(잘함)에,

4~5개이면 😑(보통)에, 6개 이상이면 😣(노력 바람)에 색칠해 주세요.

학습목표 더하기·빼기의 관계와 계산 원리 이해를 바탕으로 계산 문제를 능숙하게 풀며 다양한 규칙성을 발견할 수 있습니다.

사탕 7개로 덧셈식 만들기 놀이를 하자!

와, 재밌겠다!

와, 맛있겠다!

짭짭···

4주

사탕 7개를 6개와 1개로 가르면 6+1=7.

6 + 1 = 7

7개를 5개와 2개로
가르면 5+2=7이죠?

5 + 2 = 7

맞아, 잘했어.
그리고
4개와 3개로 가르면
4+3=7.

와, 사탕 7개로
만들 수 있는 덧셈식이
여러 가지가 있네요.

4 + 3 = 7

 다음 덧셈을 하세요.

(1) 1 + 0 = ☐

(2) 2 + 0 = ☐

(3) 3 + 0 = ☐

(4) 4 + 0 = ☐

(5) 5 + 0 = ☐

(6) 6 + 0 = ☐

(7) 7 + 0 = ☐

(8) 0 + 7 = ☐

(9) 8 + 0 = ☐

(10) 0 + 8 = ☐

(11) 9 + 0 = ☐

(12) 0 + 9 = ☐

(13) 10 + 0 = ☐

(14) 0 + 10 = ☐

 꼭꼭 어떤 수에 0을 더하거나 0에 어떤 수를 더하면 모두 어떤 수 자신이 됩니다.

다음 뺄셈을 하세요.

(15) 1 − 0 = 1

(16) 2 − 0 =

(17) 3 − 0 =

(18) 4 − 0 =

(19) 5 − 0 =

(20) 6 − 0 =

(21) 7 − 0 =

(22) 8 − 0 =

(23) 1 − 1 =

(24) 2 − 2 =

(25) 3 − 3 =

(26) 4 − 4 =

(27) 5 − 5 =

(28) 6 − 6 =

(29) 7 − 7 =

(30) 8 − 8 =

 어떤 수에서 0을 빼면 어떤 수 자신이 되고, 어떤 수에서 어떤 수 자신을 빼면 0이 됩니다.

 다음 계산을 하세요.

(1) 7 + 3 = ☐　　(2) 7 − 3 = ☐

(3) 7 + 4 = ☐　　(4) 7 − 4 = ☐

(5) 7 + 5 = ☐　　(6) 7 − 5 = ☐

(7) 7 + 6 = ☐　　(8) 7 − 6 = ☐

(9) 10 + 7 = ☐　　(10) 10 − 7 = ☐

(11) 10 + 8 = ☐　　(12) 10 − 8 = ☐

(13) 10 + 9 = ☐　　(14) 10 − 9 = ☐

(15) 10 + 10 = ☐　　(16) 10 − 10 = ☐

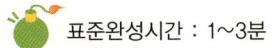
🍀 다음 계산을 하세요.

(17) 3 + 2 = ☐　　(18) 3 − 2 = ☐

(19) 13 + 2 = ☐　　(20) 13 − 2 = ☐

(21) 8 + 5 = ☐　　(22) 8 − 5 = ☐

(23) 18 + 5 = ☐　　(24) 18 − 5 = ☐

(25) 5 + 3 = ☐　　(26) 5 − 3 = ☐

(27) 15 + 3 = ☐　　(28) 15 − 3 = ☐

(29) 6 + 4 = ☐　　(30) 6 − 4 = ☐

(31) 16 + 4 = ☐　　(32) 16 − 4 = ☐

4주

➕ 사탕 **7**개를 점선을 따라 갈라 보고, 덧셈식을 완성하세요.

(1)

$$\boxed{1} + \boxed{6} = 7$$

(2)

$$\boxed{} + \boxed{} = 7$$

(3)

$$\boxed{} + \boxed{} = 7$$

(4)

$$\boxed{} + \boxed{} = 7$$

(5)

$$\boxed{} + \boxed{} = 7$$

(6)

$$\boxed{} + \boxed{} = 7$$

꼭꼭 7은 1과 6, 2와 5, 3과 4, 4와 3, 5와 2, 6과 1로 가를 수 있습니다.

사탕 **7**개를 점선을 따라 지워 보고, 뺄셈식을 완성하세요.

(7)
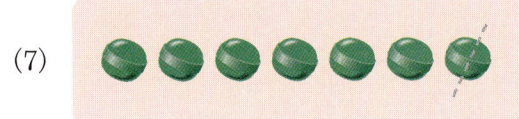

$$7 - 1 = 6$$

(8)

$$7 - \boxed{} = \boxed{}$$

(9)
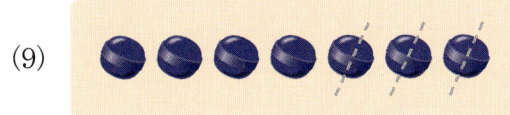

$$7 - \boxed{} = \boxed{}$$

(10)

$$7 - \boxed{} = \boxed{}$$

(11)
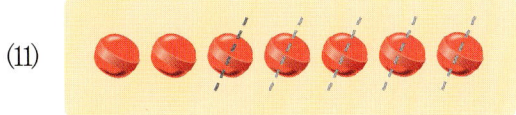

$$7 - \boxed{} = \boxed{}$$

(12)

$$7 - \boxed{} = \boxed{}$$

 뺄셈식으로 나타낼 때에는 /으로 지우는 사탕의 개수가 빼는 수가 됩니다.

➕ 다음 덧셈을 하세요.

 합이 4가 되는 덧셈이에요.

(1) $1 + 3 =$ ☐   (2) $2 + 2 =$ ☐

(3) $3 + 1 =$ ☐   (4) $4 + 0 =$ ☐

(5) $1 + 4 =$ ☐   (6) $2 + 3 =$ ☐

(7) $3 + 2 =$ ☐   (8) $4 + 1 =$ ☐

(9) $1 + 7 =$ ☐   (10) $2 + 6 =$ ☐

(11) $3 + 5 =$ ☐   (12) $4 + 4 =$ ☐

(13) $5 + 3 =$ ☐   (14) $6 + 2 =$ ☐

(15) $7 + 1 =$ ☐   (16) $8 + 0 =$ ☐

 꼭꼭 합이 4, 5, 8이 되는 덧셈입니다. 합이 클수록 더 많은 덧셈식을 만들 수 있습니다. 바둑돌, 블록 등을 가지고 다양한 방법으로 더해 보고 합이 같은 덧셈식을 만들어 봅니다.

➕ 다음 뺄셈을 하세요.

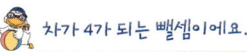 차가 4가 되는 뺄셈이에요.

(17) 10 − 6 = ☐　　(18) 9 − 5 = ☐

(19) 8 − 4 = ☐　　(20) 7 − 3 = ☐

(21) 12 − 7 = ☐　　(22) 11 − 6 = ☐

(23) 10 − 5 = ☐　　(24) 9 − 4 = ☐

(25) 18 − 10 = ☐　　(26) 17 − 9 = ☐

(27) 16 − 8 = ☐　　(28) 15 − 7 = ☐

(29) 14 − 6 = ☐　　(30) 13 − 5 = ☐

(31) 12 − 4 = ☐　　(32) 11 − 3 = ☐

✚ 다음 덧셈을 하세요.

(1) 2 + 1 = ☐

(2) 4 + 1 = ☐

(3) 6 + 1 = ☐

(4) 8 + 1 = ☐

(5) 10 + 1 = ☐

(6) 12 + 1 = ☐

(7) 14 + 1 = ☐

(8) 16 + 1 = ☐

(9) 1 + 2 = ☐

(10) 3 + 2 = ☐

(11) 5 + 2 = ☐

(12) 7 + 2 = ☐

(13) 9 + 2 = ☐

(14) 11 + 2 = ☐

(15) 13 + 2 = ☐

(16) 15 + 2 = ☐

다음 뺄셈을 하세요.

(17) $15 - 1 = \boxed{}$

(18) $13 - 1 = \boxed{}$

(19) $11 - 1 = \boxed{}$

(20) $9 - 1 = \boxed{}$

(21) $7 - 1 = \boxed{}$

(22) $5 - 1 = \boxed{}$

(23) $3 - 1 = \boxed{}$

(24) $1 - 1 = \boxed{}$

(25) $16 - 2 = \boxed{}$

(26) $14 - 2 = \boxed{}$

(27) $12 - 2 = \boxed{}$

(28) $10 - 2 = \boxed{}$

(29) $8 - 2 = \boxed{}$

(30) $6 - 2 = \boxed{}$

(31) $4 - 2 = \boxed{}$

(32) $2 - 2 = \boxed{}$

 빼는 수가 같을 때 빼어지는 수가 2씩 작아지면 그 차도 2씩 작아집니다.

다음 계산을 하세요.

(1) $1 + 2 =$ ☐

(2) $5 - 2 =$ ☐

(3) $3 + 3 =$ ☐

(4) $10 - 4 =$ ☐

(5) $5 + 4 =$ ☐

(6) $12 - 3 =$ ☐

(7) $10 + 2 =$ ☐

(8) $20 - 8 =$ ☐

(9) $7 + 8 =$ ☐

(10) $18 - 3 =$ ☐

(11) $9 + 9 =$ ☐

(12) $20 - 2 =$ ☐

(13) $6 + 7 =$ ☐

(14) $17 - 4 =$ ☐

(15) $4 + 10 =$ ☐

(16) $19 - 5 =$ ☐

다음 계산을 하세요.

(17) 2 + 2 = ☐

(18) 8 − 4 = ☐

(19) 10 − 2 = ☐

(20) 2 + 6 = ☐

(21) 13 − 1 = ☐

(22) 14 − 2 = ☐

(23) 12 + 4 = ☐

(24) 18 − 2 = ☐

(25) 20 − 2 = ☐

(26) 10 + 8 = ☐

(27) 3 + 1 = ☐

(28) 12 − 8 = ☐

(29) 11 − 5 = ☐

(30) 4 + 2 = ☐

(31) 5 + 3 = ☐

(32) 17 − 9 = ☐

4주

다음 덧셈을 하세요.

(1) 3 + 5 = ☐

10이 커져요.

(2) 13 + 5 = ☐

10이 커져요.

(3) 23 + 5 = ☐

(4) 33 + 5 = 38

(5) 43 + 5 = 48

(6) 53 + 5 = 58

(7) 63 + 5 = 68

(8) 73 + 5 = 78

(9) 2 + 7 = ☐

10이 커져요.

(10) 12 + 7 = ☐

10이 커져요.

(11) 22 + 7 = ☐

(12) 32 + 7 = 39

(13) 42 + 7 = ☐

(14) 52 + 7 = ☐

(15) 62 + 7 = ☐

(16) 72 + 7 = ☐

 커지는 원리를 이해하면 큰 수의 더하기도 어려움 없이 학습할 수 있습니다. 받아올림이 없는 10씩 커지는 덧셈 문제를 구두 테스트로 놀이처럼 진행합니다.

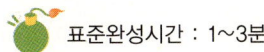

 다음 뺄셈을 하세요.

(17) $4 - 2 =$ ☐

(18) $14 - 2 =$ ☐

10이 커져요.

(19) $24 - 2 =$ 22

10이 커져요.

(20) $34 - 2 =$ 32

(21) $44 - 2 =$ 42

(22) $54 - 2 =$ 52

(23) $64 - 2 =$ 62

(24) $74 - 2 =$ 72

(25) $9 - 6 =$ ☐

(26) $19 - 6 =$ ☐

10이 커져요.

(27) $29 - 6 =$ ☐

10이 커져요.

(28) $39 - 6 =$ ☐

(29) $49 - 6 =$ ☐

(30) $59 - 6 =$ ☐

(31) $69 - 6 =$ ☐

(32) $79 - 6 =$ ☐

4주

 꼭꼭 빼어지는 수가 10씩 커지면 그 차도 10씩 커집니다. 아이와 함께 "3-2, 13-2, 23-2, 33-2, 43-2, ……"와 같이 빼어지는 수가 10씩 커지는 뺄셈 문제를 내며 놀이처럼 학습합니다.

 다음 계산을 하세요.

(1) $5 + 4 = \boxed{}$

10이 커져요.

(2) $15 + 4 = \boxed{}$

10이 커져요.

(3) $25 + 4 = \boxed{}$

(4) $35 + 4 = \boxed{}$

(5) $45 + 4 = \boxed{}$

(6) $55 + 4 = \boxed{}$

(7) $65 + 4 = \boxed{}$

(8) $75 + 4 = \boxed{}$

(9) $7 - 3 = \boxed{}$

10이 커져요.

(10) $17 - 3 = \boxed{}$

10이 커져요.

(11) $27 - 3 = \boxed{}$

(12) $37 - 3 = \boxed{}$

(13) $47 - 3 = \boxed{}$

(14) $57 - 3 = \boxed{}$

(15) $67 - 3 = \boxed{}$

(16) $77 - 3 = \boxed{}$

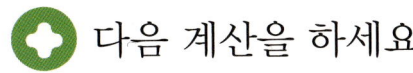 다음 계산을 하세요.

(17) $5 + 3 =$ ⬜ 8

$45 + 3 =$ ⬜ 48

(18) $6 - 2 =$ ⬜ 4

$56 - 2 =$ ⬜ 54

(19) $7 + 2 =$ ⬜

$37 + 2 =$ ⬜

(20) $4 - 3 =$ ⬜

$54 - 3 =$ ⬜

(21) $3 + 6 =$ ⬜

$63 + 6 =$ ⬜

(22) $9 - 5 =$ ⬜

$29 - 5 =$ ⬜

(23) $4 + 1 =$ ⬜

$74 + 1 =$ ⬜

(24) $8 - 7 =$ ⬜

$38 - 7 =$ ⬜

 다음 계산을 하세요.

+0

7	7+0
15	15+0
22	22+0

세로의 수 7에
가로의 수 0을
더해요.

+10

5	
10	
15	

−0

9	9−0
11	11−0
14	14−0

−10

14	
12	
10	

 어떤 수에 0을 더하거나 어떤 수에서 0을 빼는 경우 그 합이나 차는 항상 어떤 수 자신이 됩니다.

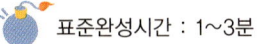 다음 계산을 하세요.

+	4
5	5+4
15	15+4
25	25+4
35	35+4
45	45+4
55	55+4
65	65+4

−	6
7	
17	
27	
37	
47	
57	
67	

✚ 다음 계산을 하세요.

−	2	12	22	32	42	52
2	2-2	12-2	22-2	32-2	42-2	52-2

+	4	14	24	34	44	54
3						

−	6	16	26	36	46	56
5						

 다음 계산을 하세요.

+	14	24	34	44	54	64
5	14+5	24+5	34+5	44+5	54+5	64+5

−	17	27	37	47	57	67
2						

+	12	22	32	42	52	62
6						

 더해지는 수나 빼어지는 수가 10씩 커지면 그 합이나 차도 10씩 커집니다.

➕ 그림에 ◯를 그리거나 /으로 지우면서 식을 자유롭게 만들어 보세요.

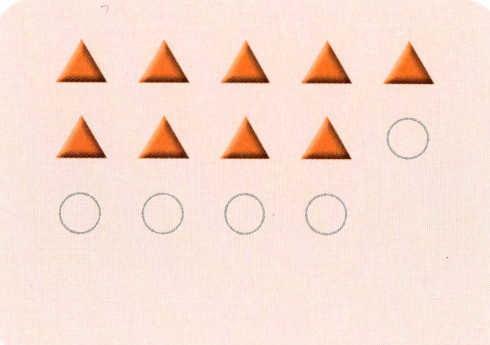

$$9 + \boxed{5} = \boxed{14} \qquad 17 - \boxed{8} = \boxed{9}$$

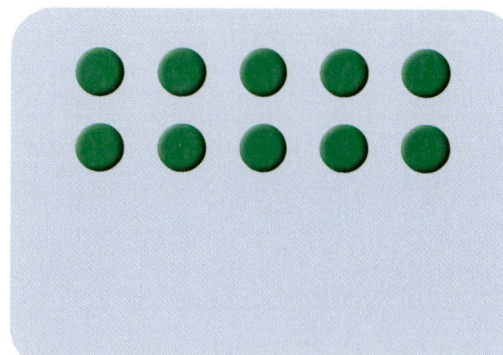

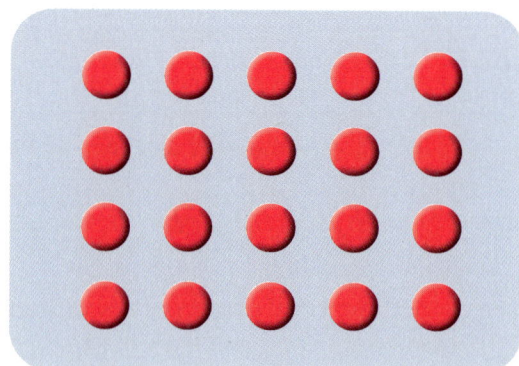

$$10 + \boxed{} = \boxed{} \qquad 20 - \boxed{} = \boxed{}$$

세 수를 이용하여 덧셈식과 뺄셈식을 완성하세요.

4
8
12

$4 +$ ☐ $=$ ☐

☐ $- 8 =$ ☐

7
13
6

$7 +$ ☐ $=$ ☐

☐ $- 6 =$ ☐

8
18
10

$8 +$ ☐ $=$ ☐

☐ $- 10 =$ ☐

4주

➕ 계산을 하고, 계산 결과가 가장 큰 식에 ◯표 하세요.

13+0   9+0   21+0

12-5   17-5   6-5

1+6   13+6   12-6

 꼭꼭 빼는 수가 같으면 빼어지는 수가 클수록 더 큰 뺄셈입니다.

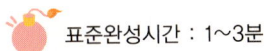

빈칸에 알맞은 수를 써넣어 식을 완성하세요.

14	+	14 + □ = 22	=	22
+	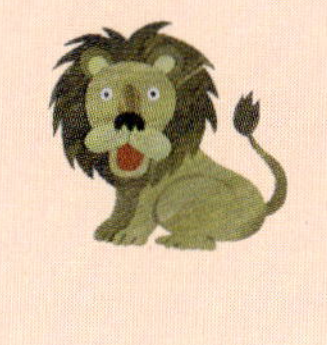	−	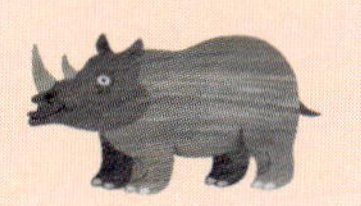	+
14 + □ = 20	−	3	=	
=	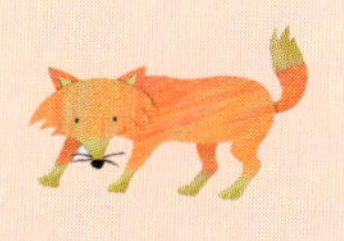	=	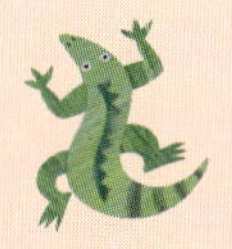	=
20	+		=	25

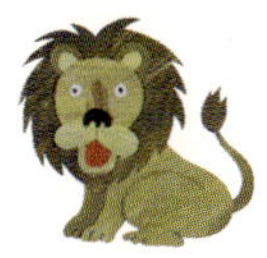 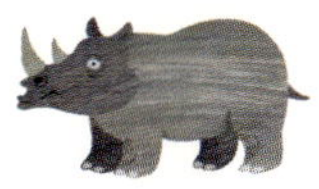 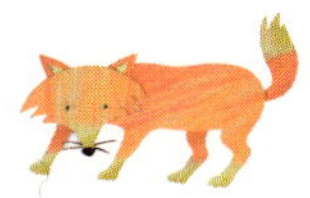 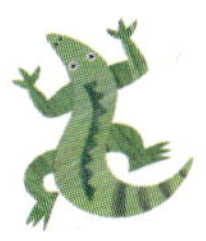

다음 계산을 하세요.

(1) 2 + 0 =

(2) 7 − 0 =

(3) 4 − 4 =

(4) 17 − 8 =

(5) 9 + 5 =

(6) 20 − 5 =

(7) 19 + 0 =

(8) 5 − 4 =

(9) 7 + 10 =

(10) 20 − 3 =

(11) 14 + 5 =

(12) 19 − 8 =

(13) 22 + 7 =

(14) 27 + 2 =

(15) 13 − 7 =

(16) 14 − 5 =

(17) 7 + 8 =

(18) 12 − 7 =

(19) 10 + 7 =

(20) 17 − 0 =

(21) 14 + 2 =

(22) 16 − 2 =

(23) 17 + 3 =

(24) 20 − 4 =

(25) 10 + 5 =

(26) 15 − 5 =

(27) 9 + 0 =

(28) 16 − 7 =

(29) 3 + 10 =

(30) 13 − 3 =

(31) 7 + 0 =

(32) 8 − 0 =

(33) 8 − 8 =

(34) 9 + 9 =

(35)
```
  1 9
+   9
─────
```

(36)
```
  2 1
+   8
─────
```

(37)
```
  8
+ 0
─────
```

(38)
```
  1 5
+   8
─────
```

(39)
```
  1 2
+   9
─────
```

(40)
```
  5
- 0
─────
```

(41)
```
  1 3
-   8
─────
```

(42)
```
  1 6
+   7
─────
```

(43)
```
  1 4
+   8
─────
```

(44)
```
  1 1
-   9
─────
```

(45)
```
  2 0
-   0
─────
```

(46)
```
  6
+ 8
─────
```

정답 및 지도서

자르는 선을 따라 잘라 보관하여, 채점할 때 사용하세요.

1주 빼기 1~10의 종합

지도 방법

❶ 빼기의 개념을 이해하고 지금까지 배운 것을 복습하는 내용입니다. 아이가 잘못 알고 있는 부분이나 풀지 못하는 부분이 있는지 다시 한 번 확인해 보고 바르게 풀 수 있도록 지도해 주세요.

❷ 아이가 다양한 계산 방법을 익힐 수 있도록 지도해 주세요. 수 가르기와 수 모으기의 방법을 통해 빼기를 쉽게 할 수 있도록 지도해 주세요.

❸ 아이가 문제를 스스로 풀어 봄으로써 성취감을 느낄 수 있도록 지도해 주세요.

❹ 아이가 빼기의 개념을 충분히 이해했다면 여러 가지 빼기의 유형을 익히게 하여 사고력과 응용력을 키울 수 있게 해 주세요.

1차시

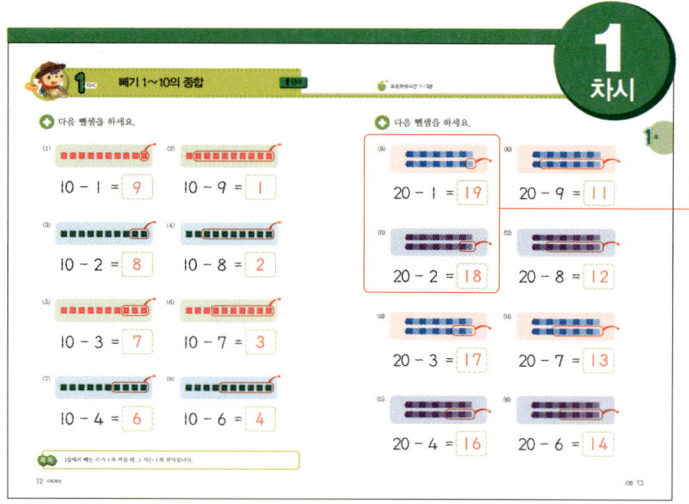

12~13쪽

- 블록 20개가 있지? 거기서 1개를 빼면 몇 개 남니?
- 이번엔 2개를 빼 보렴. 몇 개가 남았니?
- 어떤 수에서 빼는 수가 1씩 커지면 답은 1씩 작아진다고 한 것 잊지 않았지?

2차시

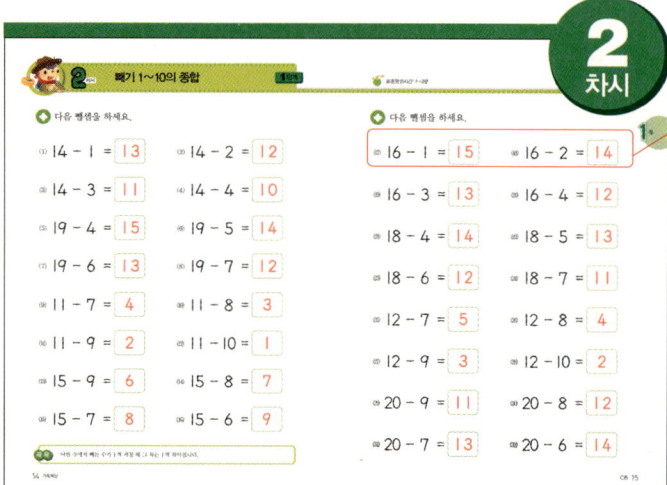

14~15쪽

- 어떤 수에서 빼는 수가 1씩 커지면 답은 1씩 작아진다고 했지?
- 16－1을 구해 볼래?
- 16－2는?
- 어때, 16－1보다 16－2의 차가 1 더 작지.

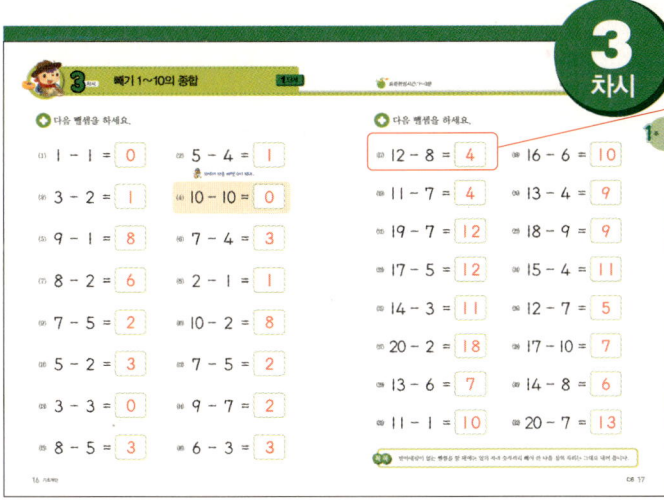

16~17쪽

- 12−8을 계산해 볼까? 8을 2와 6으로 갈라 계산해 보자.

$$12-8=4$$
$$\diagup\diagdown$$
$$2\quad6$$

❶ 12−2=10

❷ 10−6=4

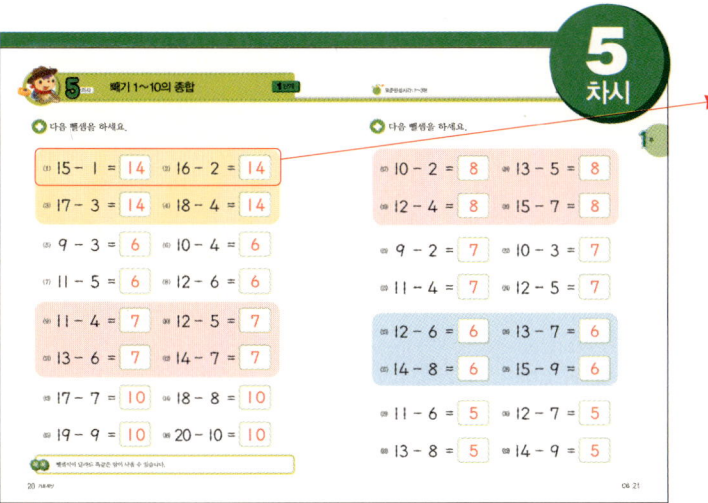

18~19쪽

- 19−10을 계산해 볼래?
- 10처럼 빼는 수의 일의 자리 숫자가 0일 때에는 십의 자리 숫자끼리만 빼도 된다.
- 일의 자리 숫자 9는 그대로 쓰고 십의 자리 숫자끼리 빼 보자.(1−1=0)
- 따라서 답은 9야.

20~21쪽

- 15−1은 몇이니? 16−2는?
- 15−1에서 일의 자리 숫자끼리 빼면 5−1=4. 따라서 답은 14야.
- 16−2에서 일의 자리 숫자끼리 빼면 6−2=4. 따라서 답은 14야.

6차시

22~23쪽

• 14−6을 계산해 볼까?

$$14-6=8$$

    4 2

❶ 14−4=10

❷ 10−2=8

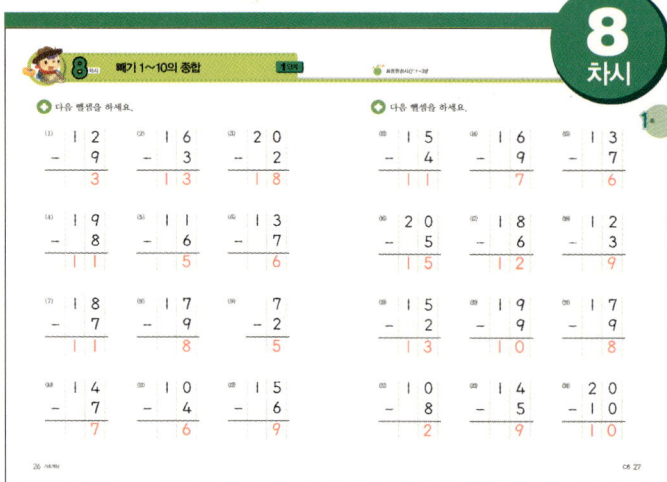

7차시

24~25쪽

• 어려운 문제는 구슬이나 막대를 그려서 풀어 보렴.

• 6−6은 답이 무엇일까? 어떤 수에서 어떤 수 자신을 빼면 0이 된다는 것 잊지 않았지?

8차시

26~27쪽

• 여러 가지 빼기 방법 중에서 ○○가 쉬운 방법으로 풀어 보렴.

• 세로셈 계산은 자릿수를 잘 맞춰야 한단다.

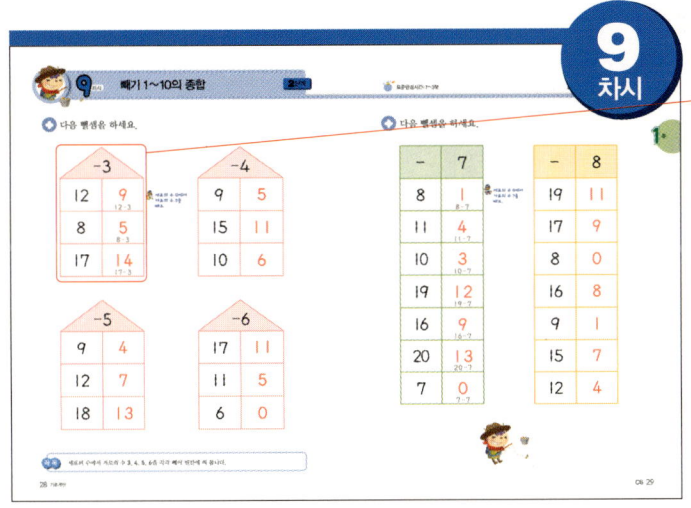

28~29쪽

- 세로의 수에서 3을 빼는 문제야.

- 12에서 3을 빼면 몇이니?

$$12-3=9$$

$$2 \quad 1$$

❶ $12-2=10$

❷ $10-1=9$

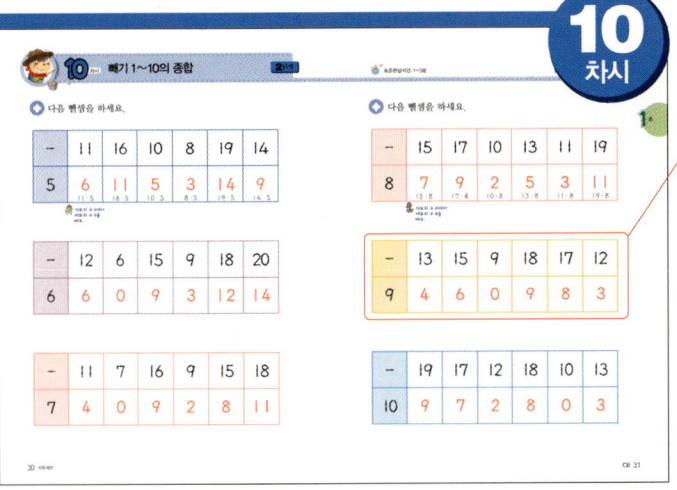

30~31쪽

- 엄마가 불러 준 수 13, 15, 9, 18, 17, 12에서 9를 빼서 빈칸에 적어 볼래?

- 다 풀었으면 엄마와 답을 확인해 보자.

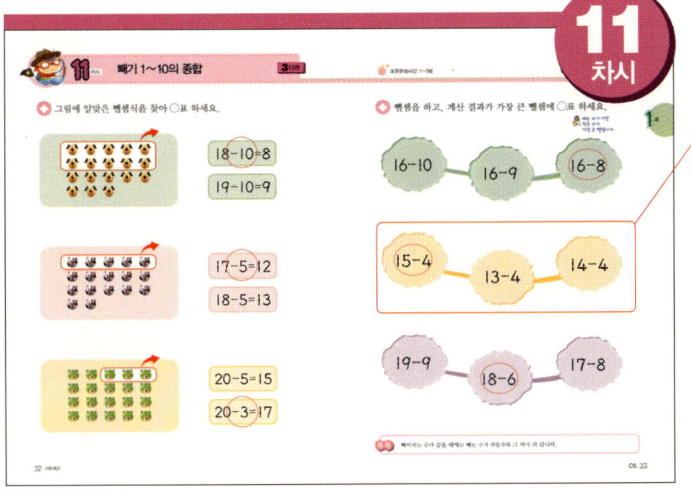

32~33쪽

- 15-4, 13-4, 14-4의 공통점은 뭐니?

- 맞았어. 빼는 수가 모두 같아. 빼는 수가 같으면 빼어지는 수가 클수록 계산 결과가 큰 뺄셈이라는 것 잊지 않았지?

34~35쪽

- 하트 10개가 있지? 여기에서 몇을 지워야 3개가 남니?
- 3개가 남을 때까지 하트를 하나씩 지워 볼까?
- 모두 몇 개 지웠는지 세어 볼래?
- 빈칸에 몇을 써야 하지?

체크 포인트

❶ 처음에는 사물을 이용하여 빼기를 연습하다가 익숙해지면 뺄셈만 보고도 계산할 수 있도록 지도해 주세요.

❷ 아이가 뺄셈에 어느 정도 익숙해지면 정해진 시간 내에 얼마나 정확하게 풀 수 있는지 성취도를 확인해 보세요. 아이의 학습 수준을 측정해 볼 수 있습니다.

❸ 자주 틀리는 계산은 여러 번 반복하여 정확히 이해할 수 있도록 지도해 주세요.

정답 및 지도서 C6

2주 더하기 · 빼기의 종합 ③

지도 방법

① 덧셈과 뺄셈의 종합 단원입니다. 덧셈과 뺄셈의 관계를 처음 학습할 때에는 구체적인 사물을 이용한 놀이를 통해 아이가 흥미를 느낄 수 있도록 해 주세요.

② 덧셈은 더하는 수의 위치를 바꾸어 더해도 결과가 같다는 것을 구체적인 사물을 통해 이해할 수 있도록 지도해 주세요.

③ 더하기 · 빼기의 개념을 충분히 익혔다면 머릿속으로 암산을 하여 풀어 보게 합니다. 암산을 할 때에는 계산 시간을 충분히 주어 아이가 스스로 문제를 풀 수 있게 해 주세요.

---

13 차시

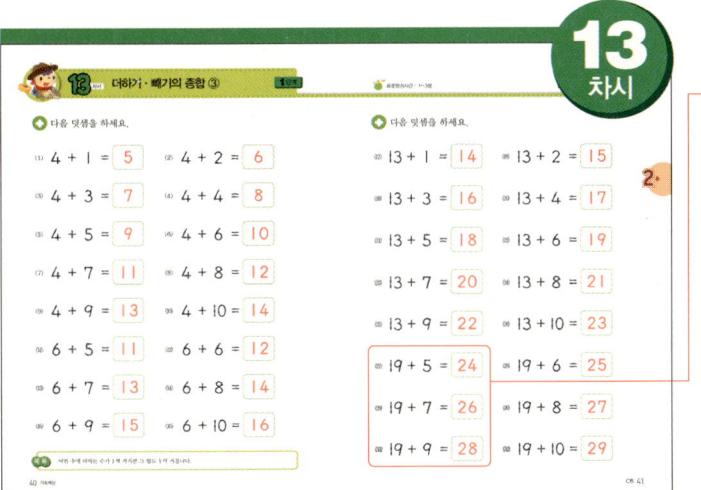

40~41쪽

- 19+5, 19+7, 19+9를 풀어 볼까? 각각 답이 몇 나오니? 답이 2씩 커지고 있지? 어떤 수에 더하는 수가 2씩 커지면 답도 2씩 커지는 거란다.
- 앞에서 배웠던 어떤 수에 더하는 수가 1씩 커지면 답도 1씩 커지는 것과 같은 원리란다.

---

14 차시

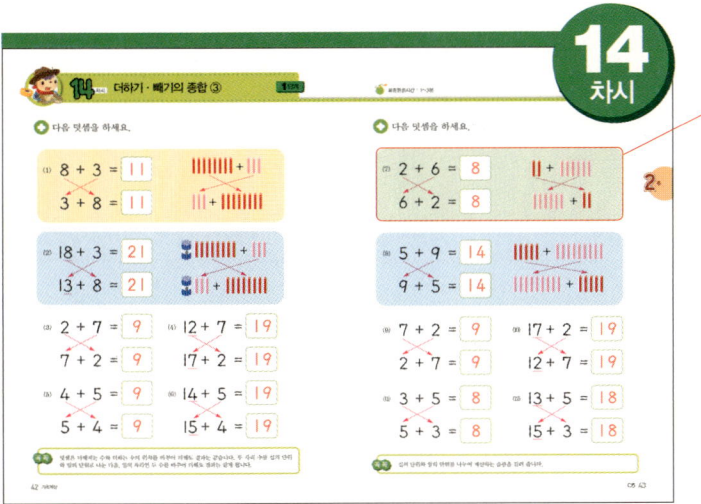

42~43쪽

- 덧셈을 할 때에는 더하는 두 수의 위치를 바꿔도 답은 같아.
- 2+6은 몇이니?
- 6+2는?
- 맞아. 8로 답이 같다는 거 잘 알았지?

정답 및 지도서 C6

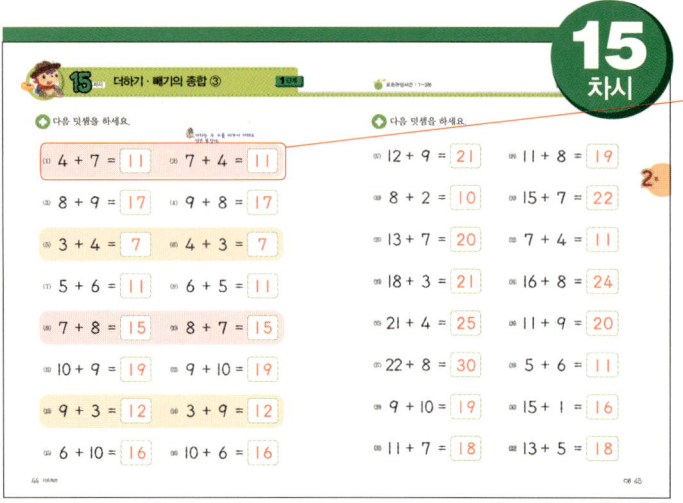

44~45쪽

- $4+7=11$ ① $4+6=10$
      6   1   ② $10+1=11$
- $7+4=11$ ① $7+3=10$
      3   1   ② $10+1=11$

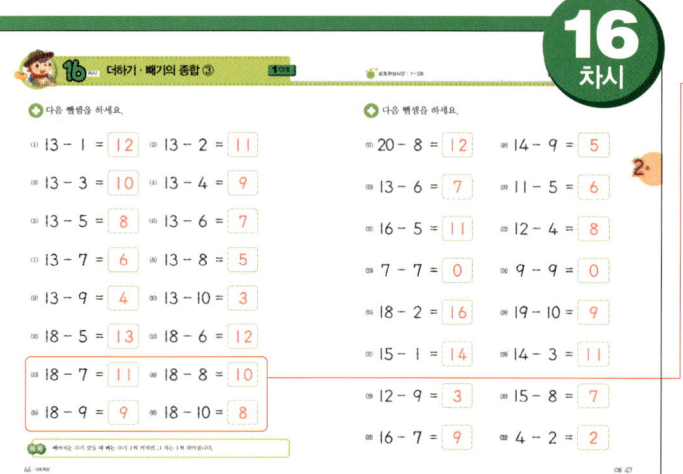

46~47쪽

- $18-7$, $18-8$, $18-9$, $18-10$ 을 계산하면 답이 각각 몇으로 나오니?
- 답이 1씩 작아지지?
- 어떤 수에서 빼는 수가 1씩 커지면 답은 1씩 작아진단다.
- 빼는 수가 2씩 커지면 답은 몇씩 작아질까?

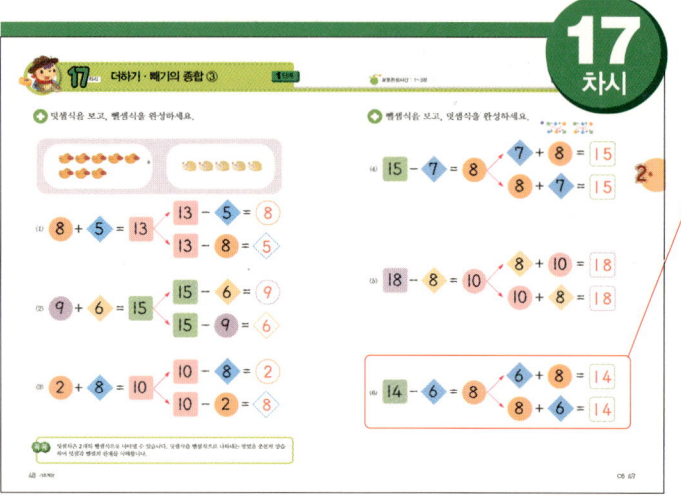

48~49쪽

- $14-6$은 몇이지? 8이지? 이 뺄셈식을 이용해서 덧셈식 2개를 만들 수 있어. 빼어지는 수 14는 6과 8로 가를 수 있어. 덧셈에서는 $6+8$이나 $8+6$처럼 더해지는 수와 더하는 수의 자리가 바뀌어도 답은 같아.

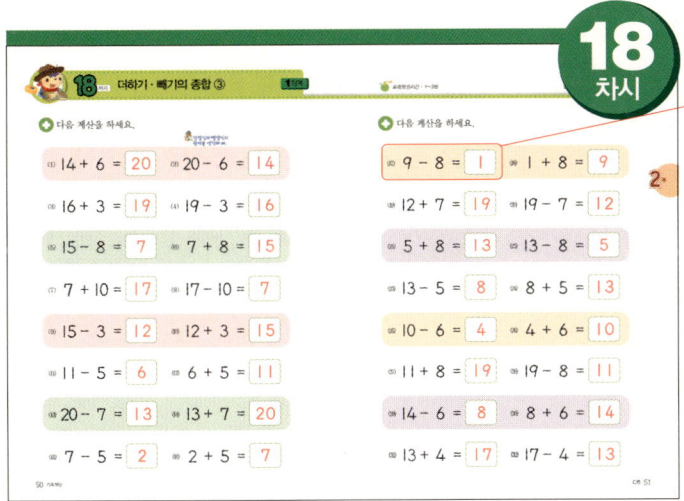

50~51쪽

- 9−8은 1이지?

- 9는 8과 1로 가를 수 있지.

- 8과 1로 덧셈식을 만들어 볼까?
  8+1=9, 1+8=9

- 이것처럼 하나의 뺄셈식으로 두
  개의 덧셈식을 만들 수 있단다.

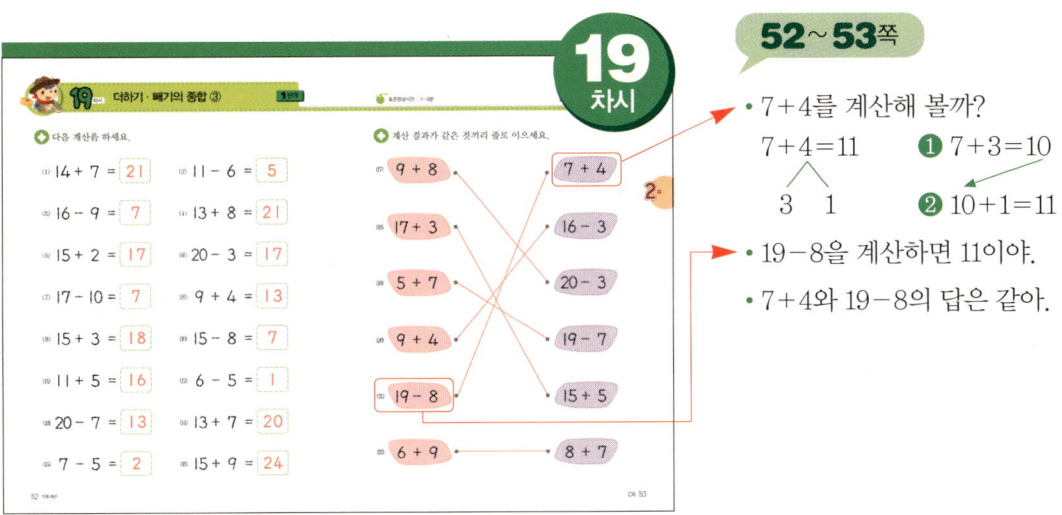

52~53쪽

- 7+4를 계산해 볼까?

  7+4=11   ❶ 7+3=10

   3   1   ❷ 10+1=11

- 19−8을 계산하면 11이야.

- 7+4와 19−8의 답은 같아.

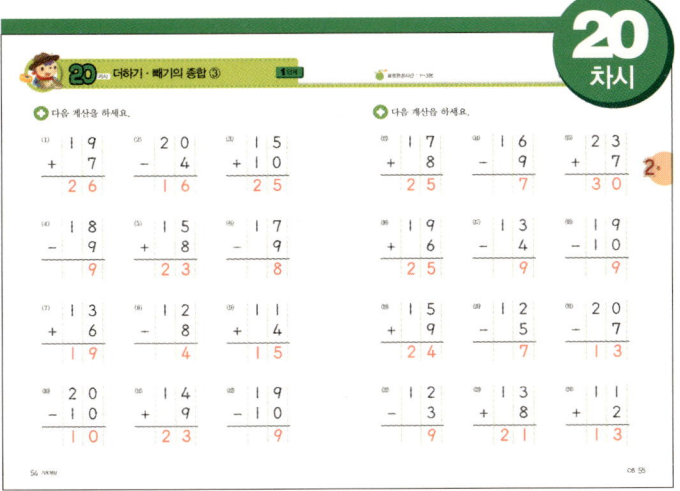

54~55쪽

- 세로셈에서는 자리를 잘 맞추어
  계산하는 것을 잊어서는 안 돼.

- 덧셈과 뺄셈을 이제 자신 있게 할 수 있지?
- 어려운 문제는 천천히 다시 한 번 풀어 보렴.
- 세로의 수에 가로에 있는 수를 더하거나 빼서 답을 구해 보렴.

- 5, 13에서 각각 3을 빼서 빈칸에 쓰면 돼.
- 3을 뺀 답을 쓴 그 옆 칸에는 5, 13에서 각각 5를 빼서 쓰면 돼.

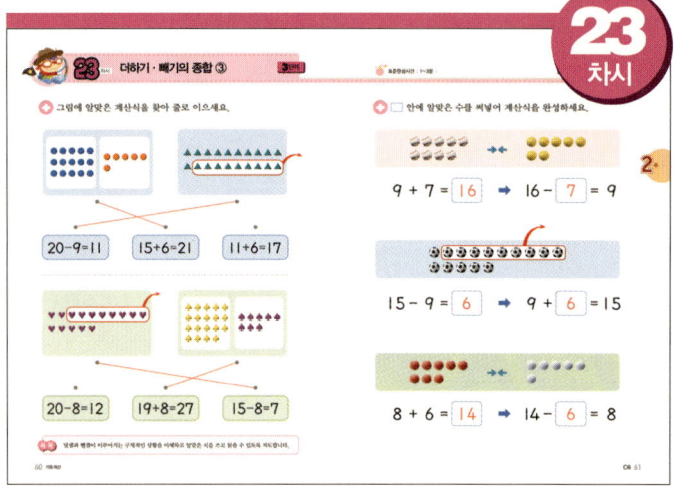

- 화살표로 묶어서 나가는 것은 빼기를 나타내.
- 구체물이 몇 개 있는지, 화살표로 묶어서 뺀 구체물은 몇 개인지 세어 보고 알맞은 뺄셈식을 세워 보렴.

62~63쪽

• 3개씩 계산을 한 후에 계산 결과가 가장 큰 뺄셈이 무엇인지 찾아보자.

• 17−□=8을 먼저 계산해야 다른 답도 쉽게 구할 수 있단다.

체크 포인트

① 아이가 자주 틀리는 문제는 계산 원리를 이해하지 못하고 있는지 푸는 과정이 틀렸는지 파악하여 정확히 풀 수 있도록 지도해 주세요.

② 실제 생활 속에서 덧셈·뺄셈을 응용해 봄으로써 아이가 쉽고 재미있게 덧셈·뺄셈의 원리를 알 수 있도록 지도해 주세요.

③ 덧셈·뺄셈에 대한 학습이 어느 정도 이루어지면 엄마가 구두로 테스트를 하여 아이의 암산 능력을 키워 주세요.

③주 더하기·빼기의 종합 ④

지도 방법

① 덧셈과 뺄셈을 총정리하는 부분으로 아이의 실력이 얼마나 되는지 확인해 봅니다.

② 다양한 형태의 덧셈과 뺄셈을 풀어 봄으로써 창의력과 응용력을 높일 수 있도록 지도해 주세요.

③ 덧셈식으로 두 개의 뺄셈식을 만드는 방법과 뺄셈식으로 두 개의 덧셈식을 만드는 방법을 잘 이해할 수 있도록 연습을 충분히 하게 합니다.

④ 가로셈과 세로셈을 꾸준히 연습하게 하여 계산 능력을 향상시켜 주세요.

⑤ 그림을 보고 알맞은 식을 세울 수 있도록 연습을 충분히 시켜 주세요.

---

25 차시

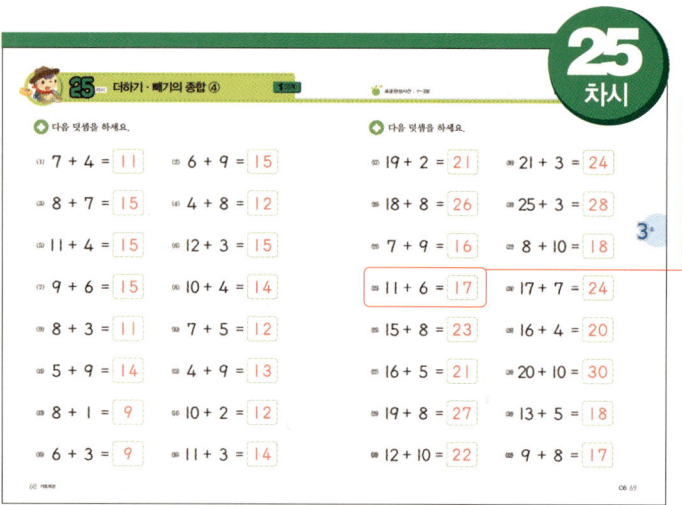

68~69쪽

- 11+6을 계산해 볼까?
- 일의 자리 숫자끼리의 계산은 1+6=7이야. 십의 자리 숫자 1을 7의 왼쪽에 쓰면 17. 답은 17이 돼.

---

26 차시

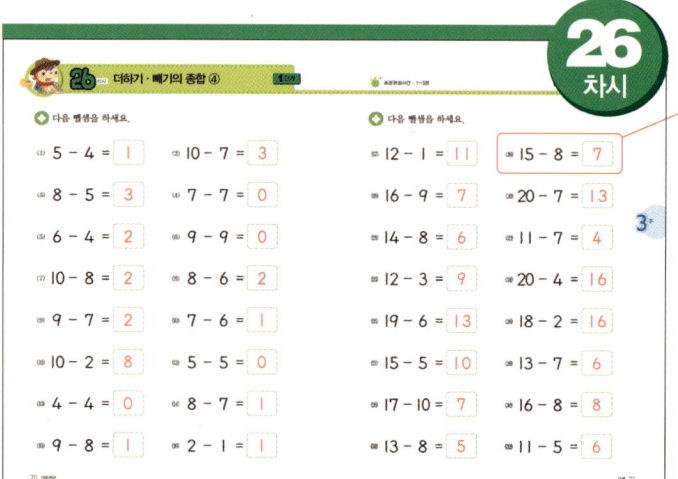

70~71쪽

- 15−8을 계산해 볼까?
- 8을 몇과 몇으로 갈라야 하겠니?
- 8을 5와 3으로 갈라야 계산하기가 쉽겠지?

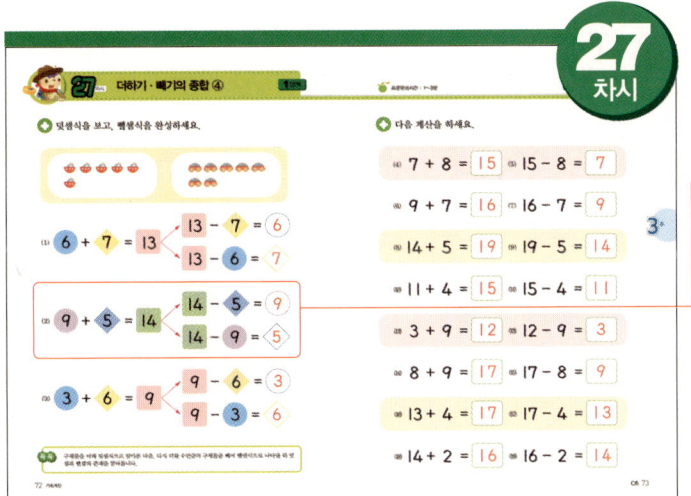

72~73쪽

- 덧셈식 하나로 뺄셈식 몇 개를 만들 수 있니?
- 9와 5를 더해서 만든 수 14에서 5를 빼면 답이 몇이야?
- 또, 14에서 9를 빼면?

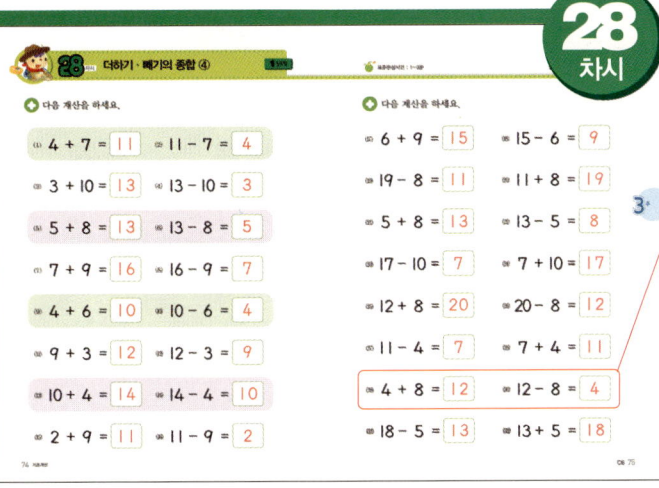

74~75쪽

- 4+8은 몇이지?
- 4+8=12라는 덧셈식으로 뺄셈식 몇 개를 만들 수 있다고 했지?
- 12-8은 몇일까?
- 더해서 12가 나오는 두 수 4와 8 중 8을 뺐으니까 답은 4가 되겠지.

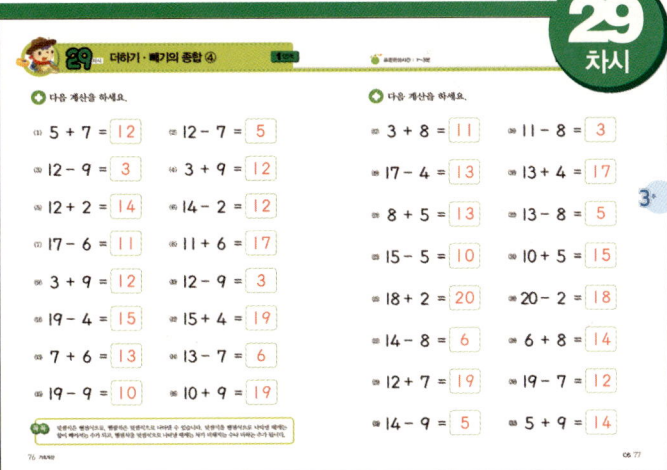

76~77쪽

- 앞에서 덧셈식으로 두 개의 뺄셈식을 만드는 문제를 많이 풀어 봤지?
- 이번엔 ○○가 혼자서 풀어 볼래?
- 어려운 것은 천천히 다시 한 번 풀어 보렴.

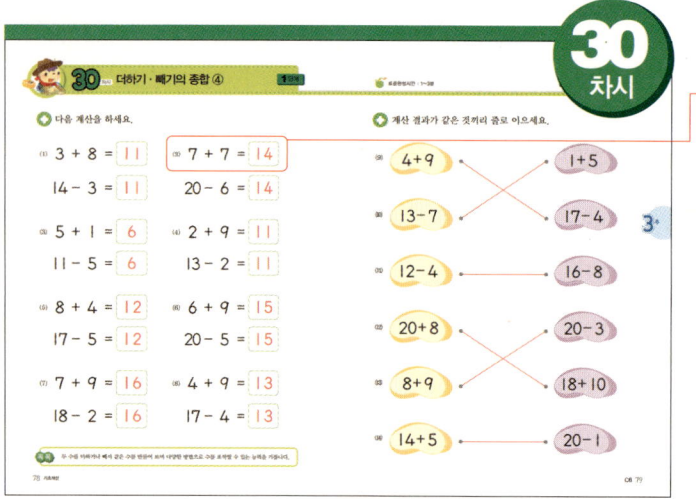

30 차시

30. 더하기·빼기의 종합 ④

다음 계산을 하세요.

(1) 3 + 8 = 11 (2) 7 + 7 = 14
14 - 3 = 11   20 - 6 = 14

(3) 5 + 1 = 6   (4) 2 + 9 = 11
11 - 5 = 6   13 - 2 = 11

(5) 8 + 4 = 12 (6) 6 + 9 = 15
17 - 5 = 12   20 - 5 = 15

(7) 7 + 9 = 16 (8) 4 + 9 = 13
18 - 2 = 16   17 - 4 = 13

계산 결과가 같은 것끼리 줄로 이으세요.

4+9 — 17-4
13-7 — 1+5
12-4 — 20-3
20+8 — 16-8
8+9 — 18+10
14+5 — 20-1

78~79쪽

- 7+7을 풀어 볼까?
7+7=14
3 4
❶ 7+3=10
❷ 10+4=14

---

31 차시

31. 더하기·빼기의 종합 ④

다음 계산을 하세요.

(1) 12 - 5 = 7   (2) 19 + 9 = 28   20 - 8 = 12
(4) 10 - 10 = 0 25 + 4 = 29   11 - 1 = 10
(7) 17 - 8 = 9   18 + 7 = 25   16 - 10 = 6
(10) 13 + 9 = 22 14 - 3 = 11   22 + 7 = 29

다음 계산을 하세요.

11 + 9 = 20   14 - 5 = 9   20 + 10 = 30
13 - 7 = 6   21 + 9 = 30   18 - 8 = 10
15 + 7 = 22   20 - 9 = 11   12 + 9 = 21
16 - 6 = 10   10 + 7 = 17   13 - 5 = 8

80~81쪽

- 20+10을 풀어 볼까?
- 일의 자리 숫자끼리 계산하면 몇이니?
- 일의 자리 숫자가 모두 0이니까 십의 자리 숫자끼리만 더해서 십의 자리에 답을 쓰고 일의 자리에는 0을 쓰면 돼.

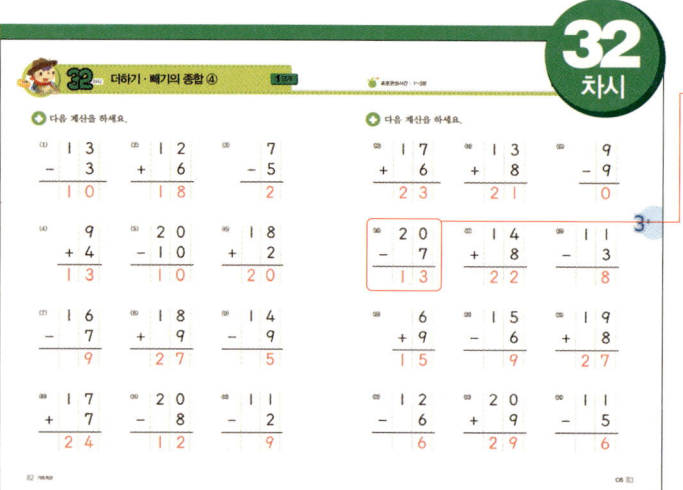

32 차시

32. 더하기·빼기의 종합 ④

다음 계산을 하세요.

(1) 13 - 3 = 10   (2) 12 + 6 = 18   (3) 7 - 5 = 2
(4) 9 + 4 = 13   20 - 10 = 10   18 + 2 = 20
(7) 16 - 7 = 9   18 + 9 = 27   14 - 9 = 5
(10) 17 + 7 = 24 20 - 8 = 12   11 - 2 = 9

다음 계산을 하세요.

17 + 6 = 23   13 + 8 = 21   9 - 9 = 0
20 - 7 = 13   14 + 8 = 22   11 - 3 = 8
6 + 9 = 15   15 - 6 = 9   19 + 8 = 27
12 - 6 = 6   20 + 9 = 29   11 - 5 = 6

82~83쪽

- 20-7을 계산해 볼까? 20은 10이 2개 있는 거지? 그럼 10 한 개에서 7을 빼면 되겠지. 10에서 7을 빼면 3. 10이 한 개 남아 있으므로 10+3=13이야.

84~85쪽

- 식을 세우지 않고 문제를 풀 수 있겠니?
- 엄마가 불러 준 수 17, 6, 24, 18, 11, 4, 13에 6을 더해서 빈 칸에 써 볼래?

86~87쪽

- 더하기 10을 할 때는 일의 자리 숫자는 그대로 적고 십의 자리 숫자에만 1을 더해 주면 돼.
- 18+10을 계산해 볼까? 일의 자리 숫자끼리의 합은 8+0=8 이고, 십의 자리 숫자끼리의 합은 1+1=2야. 따라서 답은 28 이야.

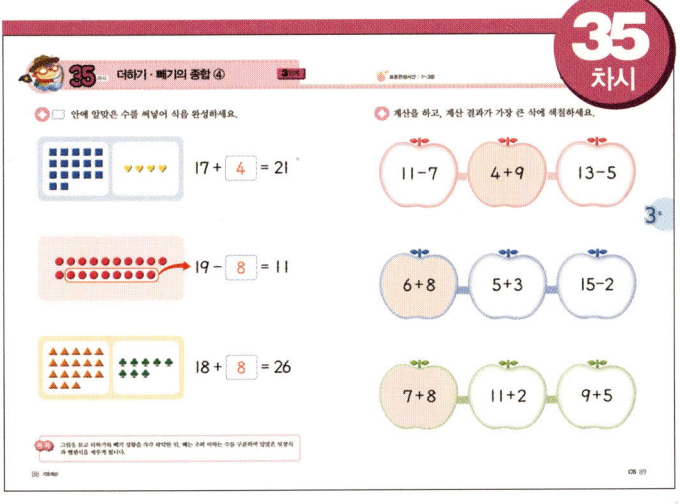

88~89쪽

- 화살표로 묶어 뺀 수는 뺄셈식에서 빼는 수가 돼.
- 화살표로 묶어 뺀 수는 몇이니?
- 남아 있는 수는 몇이니?

90~91쪽

• 8, 14, 6을 이용해서 덧셈식과 뺄셈식을 만드는 문제구나. 덧셈식을 만들려면 가장 큰 수 14가 합이 되겠지? 나머지 8, 6은 더해지는 수와 더하는 수가 돼. 뺄셈은 가장 큰 수 14가 빼어지는 수가 되고 8, 6 중 하나가 빼는 수, 나머지 하나가 차가 돼.

체크 포인트

❶ 다양한 계산 방법을 익힐 수 있도록 지도해 주세요. 수 가르기와 수 모으기의 방법을 통해 능숙하게 덧셈과 뺄셈을 할 수 있도록 지도해 주세요.

❷ 덧셈과 뺄셈에 대한 학습이 어느 정도 이루어지면 정해진 시간 내에 얼마나 정확하게 풀 수 있는지 성취도를 확인해 보세요. 아이의 학습 수준을 측정해 볼 수 있는 기회가 됩니다.

❸ 아이가 덧셈과 뺄셈의 기초를 다질 수 있도록 실생활에서 여러 가지 더하는 상황과 빼는 상황을 만들어 주어 학습에 흥미를 갖게 해 주세요.

정답 및 지도서 C6

4주 재미있는 더하기·빼기의 규칙

지도 방법

① 본 학습에 들어가기 전에 아이가 지금까지 배운 덧셈과 뺄셈의 계산을 충분히 연습시켜 주세요.

② 아이가 지금까지 배운 덧셈과 뺄셈의 개념을 충분히 이해하고 있다면 다양한 계산식으로 풀게 하여 아이의 계산 능력을 점검해 보세요.

③ 아이가 덧셈과 뺄셈을 능숙하게 한다면 기본 계산 문제를 뛰어 넘는 다양한 응용 문제를 풀게 하여 아이의 계산 능력과 사고력도 향상시켜 주세요.

④ 다양한 계산식을 풀 때에는 엄마가 규칙을 미리 설명해 주기보다는 아이 스스로 문제를 풀면서 깨달을 수 있도록 도와 주세요.

37차시

96~97쪽

- 어떤 수에 0을 더하면 답이 무엇일까? 어떤 수 자신이 답이 된다고 했지? 그러니까 1에 0을 더하면 답은 1이 돼.
- 이번에는 0을 빼 보자. 이것도 어떤 수 자신이 답이 돼.

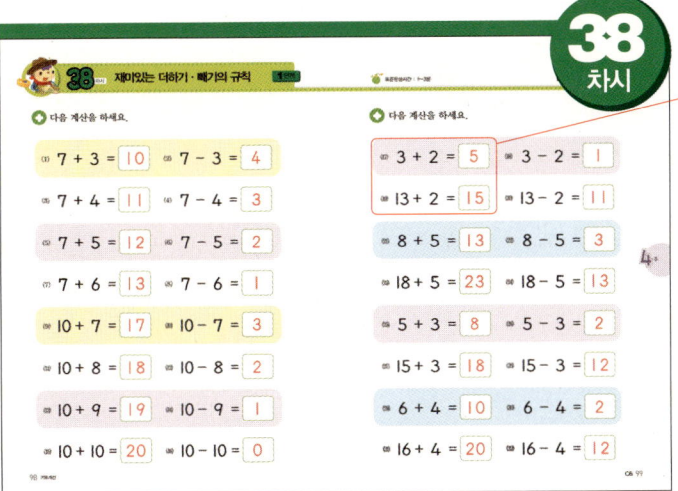

38차시

98~99쪽

- 3+2는? 13+2는?
- 13은 3보다 10 더 큰 수지? 그러니까 답도 10이 더 크단다.

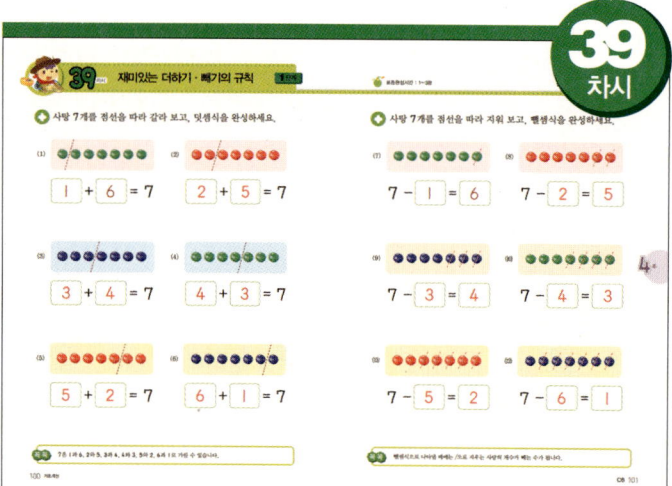

100~101쪽

- 사탕 7개를 점선을 따라 두 부분으로 나누어서 덧셈식을 만들어 보자. 점선의 앞에 있는 사탕의 수는 더해지는 수가 되고 점선의 뒤에 있는 사탕의 수는 더하는 수가 돼.
- 전체 사탕의 수에서 점선으로 지운 수만큼 사탕 수를 빼는 뺄셈식도 만들어 보렴.

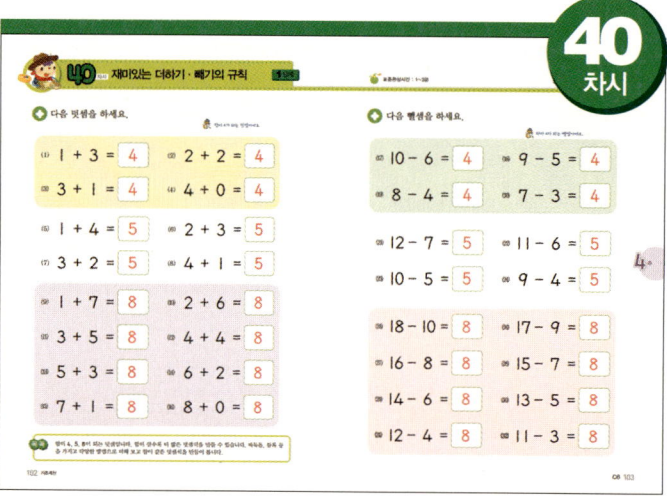

102~103쪽

- 더해지는 수와 더하는 수가 각각 다른 덧셈인데도 같은 답이 나오는구나! 참 신기하지?
- 이번에는 빼기 문제네? 이번에도 빼어지는 수와 빼는 수가 각각 다른 뺄셈인데도 같은 답이 나오는구나! 이렇게 여러 가지 수를 더하고 빼서 같은 답이 나오게 만들 수 있단다.

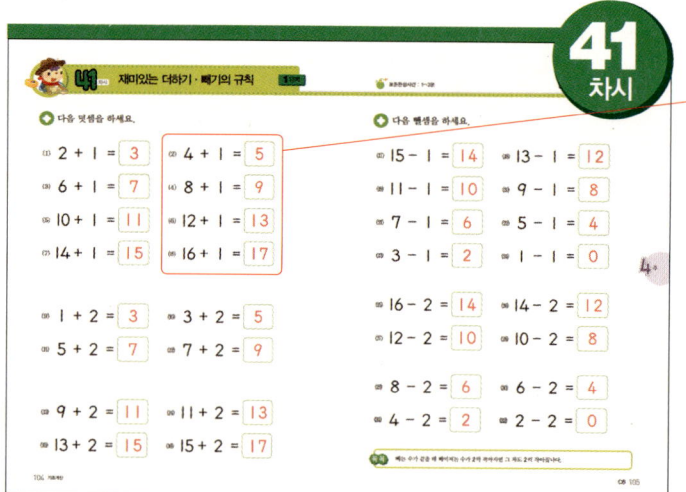

104~105쪽

- 더해지는 수가 4씩 커지면 어떻게 될까?
- $4+1=5$, $8+1=9$, $12+1=13$, $16+1=17$이야. 5, 9, 13, 17은 몇씩 차이가 나니? 바로 4. 그러니까 더해지는 수가 4씩 커지면 답도 4씩 커진다는 것을 꼭 기억해.

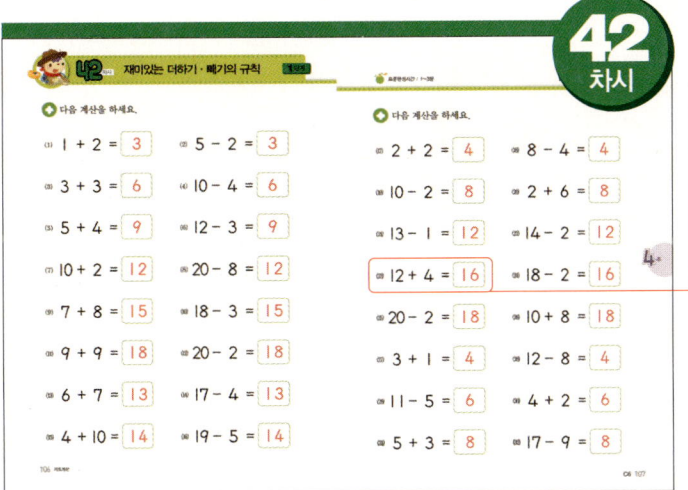

106~107쪽

- 12+4를 풀어 볼까?
- 일의 자리 숫자끼리 더하면 2+4=6.
- 6에 10을 더하면 6+10=16. 따라서 답은 16이야.

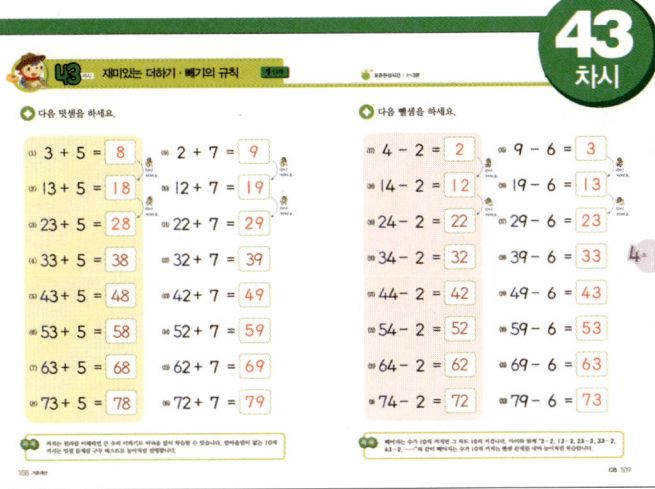

108~109쪽

- 아직 배우지 않은 큰 수가 나와 서 어렵게 느껴지니? 그런데 쉽게 푸는 방법이 있어. 더해지 는 수가 모두 얼마씩 커지고 있 니? 그래, 맞아. 10씩 커지고 있지? 그러니까 답도 10씩 커 진단다.

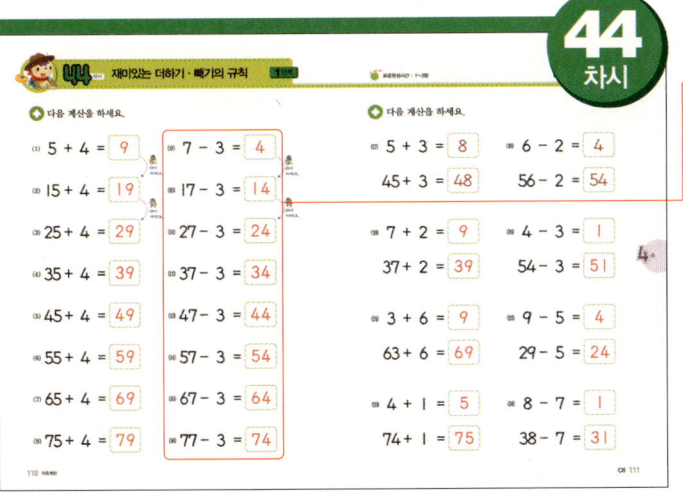

110~111쪽

- 똑같이 3을 빼는 문제구나? 그 런데 빼어지는 수가 10씩 커지 고 있지? 그럼 답도 10씩 커지 겠지?
- 똑같은 수를 더하거나 똑같은 수를 빼는 문제는 더해지는 수 나 빼어지는 수가 얼마나 커졌 는지만 알아내면 쉽게 답을 찾 을 수 있단다.

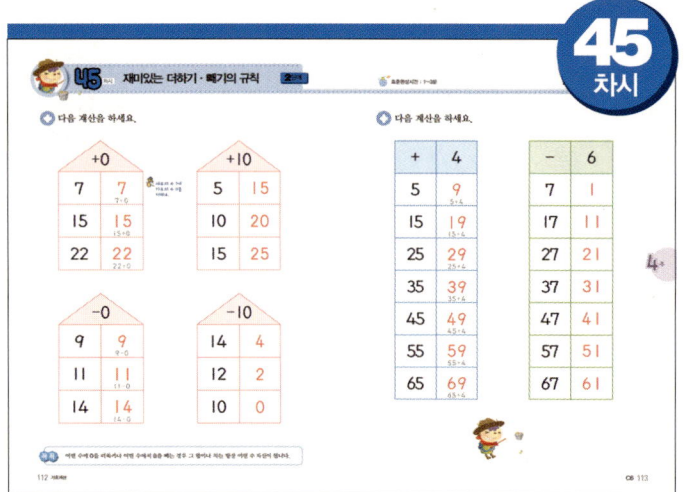

112~113쪽

- 이제 0을 더하거나 0을 빼는 문제는 자신 있지? 어떤 수에 0을 더하거나 어떤 수에서 0을 빼면 항상 어떤 수 자신이 답이 된단다.

- 그러니까 7+0도 답이 7, 7−0도 답이 7이야.

114~115쪽

- 가로의 수가 어떻게 변하고 있니? 10씩 커지고 있지? 자, 이제 답을 금방 쓸 수 있겠지?

- 수가 어떻게 바뀌는지 규칙을 알면 답을 쉽게 알 수 있어. 그런데 쉽다고 대충 풀다 보면 실수할 수가 있어. 답을 다 쓰고 맞았는지 확인해 보는 것도 좋은 습관이란다.

116~117쪽

- 세 수로 덧셈식과 뺄셈식을 만들어 보는 문제란다. 가장 큰 수가 어느 자리에 와야 하는지부터 정해야겠지?

- 10, 8, 18에서 18은 덧셈에서는 합이 되고, 뺄셈에서는 빼어지는 수가 돼.

118~119쪽

• 똑같은 수를 더하거나 뺄 때에는 더해지는 수나 빼어지는 수만 보고도 가장 큰 식을 찾을 수 있어. 더해지는 수나 빼어지는 수가 가장 큰 식이 답도 가장 큰 식이 되겠지?

체크 포인트

① 학습이 끝난 후에는 그날 학습이 제대로 이루어졌는지 간단한 테스트를 해 주세요. 아이가 잘 이해하지 못하거나 틀린 문제들은 다시 한 번 반복하여 풀 수 있도록 합니다.

② 아이가 반복된 연습으로 지루해할 수 있습니다. 칭찬을 해 주면서 아이가 자신감을 갖고 끝까지 풀 수 있도록 도와 주세요.

③ 한 권의 학습이 끝난 후에는 아이가 스스로 성취감을 느낄 수 있도록 꾸준히 학습한 것에 대한 칭찬과 격려를 해 주세요.

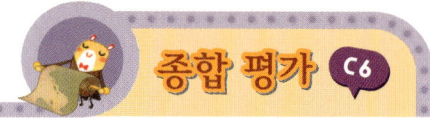

종합 평가 C6

120~122쪽

충분한 연습을 했으므로 구체물을 이용하지 않고 바로 답을 할 수 있도록 합니다. 어려워할경우 차근차근 풀게 하거나 다시 앞의 과정을 연습하도록 합니다.

종합 평가 C6

다음 계산을 하세요.

(1) 2 + 0 = 2
(2) 7 - 0 = 7
(3) 4 - 4 = 0
(4) 17 - 8 = 9
(5) 9 + 5 = 14
(6) 20 - 5 = 15
(7) 19 + 0 = 19
(8) 5 - 4 = 1
(9) 7 + 10 = 17
(10) 20 - 3 = 17
(11) 14 + 5 = 19
(12) 19 - 8 = 11
(13) 22 + 7 = 29
(14) 27 + 2 = 29
(15) 13 - 7 = 6
(16) 14 - 5 = 9

(17) 7 + 8 = 15
(18) 12 - 7 = 5
(19) 10 + 7 = 17
(20) 17 - 0 = 17
(21) 14 + 2 = 16
(22) 16 - 2 = 14
(23) 17 + 3 = 20
(24) 20 - 4 = 16
(25) 10 + 5 = 15
(26) 15 - 5 = 10
(27) 9 + 0 = 9
(28) 16 - 7 = 9
(29) 3 + 10 = 13
(30) 13 - 3 = 10
(31) 7 + 0 = 7
(32) 8 - 0 = 8
(33) 8 - 8 = 0
(34) 9 + 9 = 18

```
(35)  1 9      (36)  2 1      (37)    8
    +   9          +   8          +   0
    ───────        ───────        ───────
      2 8            2 9              8

(38)  1 5      (39)  1 2      (40)    5
    +   8          +   9          -   0
    ───────        ───────        ───────
      2 3            2 1              5

(41)  1 3      (42)  1 6      (43)  1 4
    -   8          +   7          +   8
    ───────        ───────        ───────
        5            2 3            2 2

(44)  1 1      (45)  2 0      (46)    6
    -   9          -   0          +   8
    ───────        ───────        ───────
        2            2 0            1 4
```